产学研协同创新研究

蔡　派　编著

中国农业出版社
北　京

前　言

习近平总书记在党的十九大报告中明确提出，“深化科技体制改革，建立以企业为主体、市场为导向、产学研深度融合的技术创新体系，加强对中小企业创新的支持，促进科技成果转化”。认真贯彻落实党的十九大精神，加强产学研合作和协同创新，是打通创新链条、促进创新发展的重要支撑。围绕实施创新驱动发展战略，以产学研协同创新为导向，依托“互联网+”和大众创业、万众创新等着力打造协同创新平台，汇聚众智众力，推动建立以企业为主体、市场为导向、产学研深度融合的技术创新体系，从而有力促进科技难题攻坚和成果转化，助推新旧动能转换，加快培育壮大新动能，这对于增强我国经济的创新力和竞争力，具有十分重大的理论价值和现实意义。

近三年来，我结合推进产学研合作、校企合作、产教融合的工作实践，以及主持开展《顺义区产学研合作协作创新模式研究》课题，从理论到实际，深入研究了产学研协同创新问题，在业余时间撰写完成了本书。本书共分为三部分，分别是产学研协同创新的理论研究、产学研协同创新的典型范例、产学研协同创新实证分析——以北京市顺义区为例。

全书按照理论联系实际的研究思路，运用实际调查、案例实证的研究方法，对产学研协同创新的运行机制、发展方向、模式选择做了理论探讨，研究分析企业、高校、科研机构为主导的三种创新形态及案例，并以北京市顺义区为实证，提出产学研协同创新的思路与对策。作者希望以书为媒、知行合一，推动政府、企业、社会携起手来，立足新发展阶段、贯彻新发展理念、构建新发展格局，加强产学研协同创新，为深入实施科教兴国战略、人才强国战略、创新驱动发展战略积极贡献力量。

本书可以作为企业家创新的学习工具书，可以作为高校大学生创新创业的指导教材，也可以作为政府部门、科研机构管理和技术人员的工作参考书。书中论述难免有粗浅之处，恳请有关专家和广大读者批评指正。

蔡　派

2020 年 5 月于北京国门书院

目　　录

第一章　产学研协同创新的理论研究

21世纪是科技创新空前活跃的时代，这种活跃不仅体现在相互独立的学科上，更体现在多学科的融合上；不仅体现在知识和信息的溢出上，更体现在不同专业的交叉中；不仅体现在科技领域内部，更体现在科技界、教育界、经济产业界的互动上。发达国家产学研合作起步较早，科技成果转化率达到了60%左右，其中，日本、美国科技成果转化率已经达到80%，英国、法国、德国等国家的科技成果转化率也达到了50%以上。在过去相当长的一段时期内，我国高等院校、科研院所等研究机构的科技成果转化率偏低，科研形成的知识和技术创新只能停留在高校和科研机构的实验室里，足够成熟、真正具有可操作性的研究成果并不多，产学研协同创新整体水平不高，未能对经济社会快速强劲发展形成有力支撑。据统计，近年来，我国每年的科研成果数量规模庞大，省部级以上的就达到3万多项，但是科研成果转化率却只有25%左右，真正能实现产业化的还不到5%，科技进步对经济增长的贡献率不足40%，距离“科学技术是第一生产力”的目标以及创新驱动发展战略的要求还有较大提升空间。

习近平总书记在全国科技创新大会上发出了建设世界科技强国的号召，提出要“在以企业为主体的前提下，加快科技成果转化和产业化，打通科技成果转化最后一公里”；要“推进产学研用一体化，支持龙头企业整合科研院所、高等院校力量”，强调要把科技创新摆在更加重要的位置，面向科技前沿、面向经济建设主战场、面向国家重大战略需求，坚持走中国特色自主创新的道路。党的十九届四中全会审议通过的《中共中央关于坚持和完善中国特色社会主义制度、推进国家治理体系和治理能力现代化若干重大问题的决定》指出，“加快建设创新型国家”“强化国家战略科技力量”“建立以企业为主体、市场为导向、产学研深度融合的技术创新体系”，并对“完善科技创新体制机制”做出了一系列部署。进入新时代，在全球经济一体化、开放式创新日盛、自主创新能力成为国家关键竞争力的新形势下，企业、大学和科研机构深度融合促进区域经济社会发展成为一种趋势，结成产学研合作联盟协同创新正成为一种新的知识生产和技术转移方式，是国家创新系统的重要组织形式。

一、产学研协同创新的概念及内涵

1. 协同

协同一词来源于古希腊语，泛指协调两个或两个以上的不同资源或个体，一致完成某一目标的过程或能力。协同学理论是系统科学理论的重要分支，最早由德国物理学家海曼·哈肯（Hermann Haken）于1971年提出。该理论以系统论、信息论、控制论、突变论等为基础，解释了各系统、现象从无序向有序转变的规律。一般认为，协同是指不同子系统（元素）相互作用创建的整体，该整体产生的效果会大于各子系统（元素）贡献的加总，简单的说，就是会产生“1+1>2”或“1+1+1>3”的非线性的效果。换言之，不同子系统（元素）相互作用过程中，随着参与元素的参加，当越来越逼近临界点时，系统整体从无序转变为有序，子系统之间的交互逐渐增强，形成一个新的、有序且稳定的结构，就会产生“1+1>2”或“1+1+1>3”的协同效应。

2. 协同创新

经济学家熊彼特（Joseph Alois Schumpeter）在1912年出版的《经济发展理论》一书中，将创新视为经济增长的内生因素，认为创新是把一种新的生产要素和生产条件的新结合引入生产体系，包括新产品、新生产方法、新市场、新供应来源、新组织形式5种情况。其后创新理论的内涵和外延得到不断发展。协同创新是协同制造与开放式创新融合后的升级版理论。彼得·格洛（Peter Gloor）认为，协同创新是网络小组成员形成集体愿景，借助网络交流思路、信息和工作状况，合作实现共同的目标。一般认为，协同创新是由不同的主体协同集成创新的行为。

协同创新的基础运行模式可以划分为内部协同创新和外部协同创新。内部协同创新模式强调从主体内部着手，强化内部各部门间的协同，通过内部各要素的互动共享来实现协同创新、提升创新能力。按照内部协同创新参与要素的数量，可以分为两要素、三要素和多要素协同创新模式。内部协同创新模式的关键是“技术创新＋制度创新”。外部协同创新模式强调跨越主体界限开展协同创新，通过主体间的资源整合来提升创新效率和能力。外部协同创新又可以划分为纵向和横向两种模式。在纵向协同创新模式下，按照同一功能链，在该功能链不同环节的各主体之间实现。在横向协同创新模式下，包含三种划分标准：按同一产业中不同主体划分，按不同地域划分，按不同产业划分。

产学研协同创新属于外部协同创新的横向协同创新，包括典型的大学、企业、政府三螺旋模式，政产学研以及政产学研用等模式。外部协同创新模式的关键是基于产业链的产学研协同创新。

3. 产学研协同创新

产学研协同创新是企业、大学以及科研机构三个基本的区域创新主体，根据各自的资源优势，在政府政策和区域协同创新平台体系等主体的支撑下，通过资源共享协议等契约开展跨机构、跨区域的协作，并产生协同创新效应。

在横向协同创新模式下，张清辉等以大学、企业、政府协同创新为核心的三螺旋理论为基础，对产业共性技术协同创新模式进行了研究；李雪茹等主张采用政产学研用模式；刘建昌提出由政府、军队、企业、高校、科研院所、科研中介和金融机构等不同类型的主体形成协同创新联盟，在联盟内部实现协同创新，并根据主体之间的关系，形成政府主导、专项管理和牵头组织承包联盟3种组织范式；苏娅等根据协同主体不同，将高校协同创新划分为5种模式：高校与高校、高校与企业、产学研、政产学研和政产学研用协同；邹轶等探讨了基于科研协作组的协同创新模式。总而言之，以产学研为基础的协同创新模式是有研究共识的，无论纵向或横向模式，均无法脱离产学研协同创新的理论框架。

二、产学研协同创新的运行过程与基本特征

1. 产学研协同创新的运行过程

(1) 协同学的视角

在协同学理论框架下，产学研协同创新系统是由产业子系统、科研子系统、政府子系统等组成的一个整体。早期，各子系统之间各自独立运行，各个子系统之间是无序的。逐渐地，在内部需求或外部力量的推动下，知识和信息在不同子系统之间溢出，子系统之间自发或被动地产生了交叉，子系统之间萌生了少量的互动。当内部需求日渐旺盛或外部力量逐渐增强后，知识和信息等各类资源能够自由流动，子系统之间频繁交互并形成成熟的交互路径，直至产生质的变化，子系统之间转变为有序结构，协同学上称之为达到临界点，就形成了“1＋1＞2”或“1＋1＋1＞3”协同创新效应。

(2) 经济学的视角

科斯的交易费用理论认为，实际经济活动中普遍存在交易费用，而交易成本的节省是各经济主体的核心关注点。产学研合作能够让各类组织实现技术等资源共享，相当于扩大了组织规模，通过建立新的合作结构安排，把本属于外部的技术交易成本内部化，大大降低了交易费用。早期，各类产业（行业）相对独立地运转，知识、信息等各类资源相对封闭，产业（行业）之间互动较少，产业（行业）之间交易成本高昂。随着技术的进步，知识、信息等资源在产业（行业）之间溢出，（行业）之间产生了少量的交互，或探

索出了一些商业模式，交易成本有所下降。这一现象被注意到后，一些中介组织诞生并介入，这类中介组织主要靠推动知识和信息的流动，促进产业（行业）之间的合作，在追求经济效益的同时，客观上实现了产业（行业）之间交易成本的进一步下降。随着政府对产学研合作的日渐重视，通过鼓励中介结构发挥作用，并在金融、法律等方面提供更加充足的资源支持，产学研合作在更大空间和更大规模上产生，交易成本持续下降。随着互联网技术的快速进步，知识溢出和信息流动的障碍日渐减少，各类主体在网络（包括社会网络、创新网络等）上自主自发地开展协同创新，交易的成本实现最小化，协同创新的效应实现最大化。

(3) 自组织的视角

如果将产学研协同创新系统视作一个自组织，其运行过程主要包括四个阶段，即酝酿期、接洽期、运行期、收益期。

在酝酿期，产业界存在降低生产成本、实现规模化生产、追求经济最大化的客观需要，技术进步的需求促使其不断寻找最佳的合作伙伴，但与科研界存在知识鸿沟，因此需要得到外部的支持。科研界在技术、资源等方面拥有优势，却没有开展技术转让或外部合作的想法。产学研协作创新系统的存在，为供需双方搭建合作的平台，并向有合作意向的单位开放加入机会。

在接洽期，在产学研协作创新系统的推动下，产业界与科研界开始接触，当确认合作伙伴并建立或作关系后，各方面将就技术开发、技术转让或成果转化等方面充分磋商，围绕技术创新、合作模式、任务分工、利益分配等问题商务谈判。当上述内容形成共识后，各合作方签署合作协议。

在运行期，在协议框架下，合作方形成项目协作团队并科学分工：产业界积极投入，科研界指导产业界积极进行产业技术开发，各类学校积极为产业培养高素质的技术技能人才，政府和中介组织为协同创新提供各种资源支持；当技术研发完成后，项目协作团队将根据需要开展项目孵化、集成、中试等工作；当项目孵化或中试成功后，产业界取得科技成果的知识产权并成为主体，积极开展规模化生产和商业化运作，不断扩大新技术、新产品的市场占有率。

在收益期，新技术、新产品为产业界带来一定的经济回报，科研界、中介组织等参与主体依据合作协议取得利润分配，政府得到产业技术市场销售增长带来的税收增加，政府将更加重视、更加支持产学研协同创新，支持鼓励各类中介组织在金融、法律、科技咨询等方面提供更加优质的公共服务，持续降低系统内交易的制度性成本，并推动产学研协同创新系统发挥更重要的作用，从而形成良性循环。

2. 产学研协同创新的基本特征

（1）科学性

产学研协同创新的理论源自协同学、系统学等科学理论，是在其指导下衍生的科学理论，经过全球各地多个国家和地区多年的实践，是被实践证明可以复制的。产学研协同创新是区域协同创新的重要组成部分，能够统筹解决区域内企业技术创新和研发能力不足、科研院所科技成果转化率不高等问题，而且符合国家提出的“创新、协调、绿色、开放、共享”五大发展理念，是尊重区域可持续发展规律的系统性实践。

（2）开放性

产学研协同创新作为一个系统，对外部资源是开放的。产学研协同创新之所以能发展到今天，正是因为在子系统之间实现了知识、信息等各类资源的共享开放。在产学研协同创新系统运行的各个环节，系统都对各类资源和元素开放了积极参与的机会，比如政产学研模式、军产学研模式、政产学研用模式等，都实现了其他资源的开放性融入。产学研协同创新是区域协同创新的有机组成部分，如果要发挥更加重要的作用，必须要能够主动融入区域协同创新网络，为区域协同创新发展做出更大的贡献。

（3）异质性

在产学研协同创新系统中，产、学、研三个子系统本是各成体系的，分别具有各自的资源优势；在政产学研、军产学研、政产学研用等模式下，不同子系统的资源禀赋也互不相同。正是因为各个子系统拥有各自的资源优势，产学研协同创新系统作为自组织才吸纳资源禀赋各异的子系统加入，在产学研协同创新系统形成协同创新效应的过程中，各子系统才能够从其他子系统中寻找所需资源，寻求资源的合理配置和交易，实现系统的有序结构，从而形成“1+1>2”或“1+1+1>3”协同创新效应。

(4) 市场性

产学研协同创新系统的出现，原本就是要满足产、学、研等各子系统之间合作、交易的需要，自然具有市场属性。要提高各类资源配置的有效性，就要尊重市场经济规律，遵守市场规则。要提高各类资源参与的积极性，就要用市场的手段给予各类主体一定的激励和引导。要实现产学研协同创新系统的可持续发展，也必须要为各类协同创新主体提供必要的支持，不断提升协同创新效应，促进产学研协同创新系统进入良性循环。

(5) 必要性

产学研协同创新系统能够解决好产业界、科学界以及政府部门的需求，提高资源利用效率，降低合作交易的制度性成本，提高其合作效率，所以也被产、学、研系统所需要。产学研协同创新从属于区域协同创新网络，能够统筹利用好产、学、研等各个子系统的资源，在市场经济规则下实现各类资源的有效配置，从而推动协同创新，实现区域经济增长，所以在全球各地被广泛应用。产学研协同创新是集成创新的典型模式，是创新驱动发展战略的具体实践，是实现区域经济发展转型的重要抓手，也是推进创新型国家建设、创新型城市建设的需要。

(6) 可行性

几十年来，从理论到实践，从产学研合作发展到产学研协同创新，放眼国内外，大到国家高新区建设、国家自主创新示范区建设、创新型城市建设、大学科技园建设，小到产学研合作基地建设、产业联盟建设、产学研协同创新联盟建设、产学研协同创中心建设，产学研协同创新从理论到实践都颇受欢迎、拥趸众多，这都说明产学研合作、产学研协同创新的理论已经被实践证明是可行的，当前已经探索出的部分学研协同创新模式是可以被成功复制的，产学研协同创新能够成为推动区域发展转型和经济增长的重要力量。

三、产学研协同创新的理论基础与发展

1. 产学研协同创新理论的提出与渊源

1965 年，安索夫（Ansoff）提出了“协同学与管理学”联接的实验研究，该实验揭示了新效用产生于合作创新的过程，在企业界与学术界产生了较大影响。20 世纪 70 年代，哈肯（Haken）总结得出了经典的“1＋1＞2”模式，该模式奠定了协同学的理论基础，同时哈肯教授还提出通过串联多方创新要素、促进创新要素重新排列组合，或相互叠加产生联合作用。美国麻省理工学院格洛尔（Gloor）进而提出了“协同创新”的概念，阐述了协同与创新之间的内涵关系。此后，国内外学者对协同创新的内涵、本质、特征等进行了深入的探索和实证分析，并开展了协同创新的机理和影响评价研究，包括从结合程度和互动强度的不同维度进行协同创新的理论框架和内涵研究。国内外学者在协同创新研究的侧重点上略有差异，国外学者更注重在实践指导下对产学研概念的理解，以及产学研的行为动机、多方面影响因素及其对各类企业、相关产业、产业发展地区乃至整个国家发展的重要性等方面的研究；国内学者更加重视协同创新研究的现实意义，即协调协同创新的机制、问题和解决方案。

（1）创新理论

创新理论的建模一直是经济学领域探讨的话题。经过多年的交锋与争论，以经济学家熊彼特（Schumpeter）为代表的学派，率先提出创新是经济增长最重要的动力和核心，并定义创新是生产功能的变化，指出将生产要素和生产条件结合起来引入创新系统中存

在规律性函数变化。在其出版的经典著作《经济发展理论》中，明确指出以创新理论发展为基础、以“组合”和“过程”为核心的“技术创新理论”，揭示了经济发展的动态特征。技术创新理论逐步运用于工业生产中，即科研团队研发的自主技术通过合作性经济手段促进其成为企业的市场目标，实现企业利益最大化。

创新理论作为基础促成了20世纪80年代国家创新系统理论的形成。英国学者弗里曼（Freeman）经过多年的潜心研究，在《技术与商业：日本经验》一书中强调，创新系统是国家机器运行过程中整体系统及其子系统之间的互动促进或抑制作用。因此，产学研体系究其本质也是创新系统之间的不断融合和协调运行。奠基于创新理论及由此发展而来的技术创新、国家创新系统理论等都对产学研体系的建立产生了重要作用。

根据创新理论的本质，在国家层次倡导的创新活动框架下的产学研合作，不仅仅是校企之间的交流与互动，同时也是政府政策和相关制度在企业、院校之间相互协调并不断完善，以此保证各个参与方在产学研体系中保持深度融合的态势，以期推动实践发展。

（2）交易费用理论

“费用”的问题是关乎企业生产与发展的关键。经济学家科斯（Coase）就“费用”的问题，在《企业的性质》一文中系统提出了“交易费用理论”，此后又经过多位经济学者的继承与发展，逐步完善和成熟。交易费用是一种交易双方用来实现项目计划、签订契约和履行法定合同的资源支出。换言之，交易双方为了完成一项交易，双方须要进行市场内外的实地调研活动，以期达到了解产品的质量和相对价格，进而制定在谈判环节和审查环节的具体细节，签订合同和违约损失等，以此产生交易成本。追求盈利是产业研究合作的最终目的，交易成本贯穿企业运作的始终。

第一，沟通成本。产学研体系中各方必须首先选定合作伙伴，并且不遗余力地在时间资源、人力成本和财务支持的基础上寻找合适的合作伙伴，了解对方的能力和需求，决定是否合作，这将导致沟通费用。

第二，谈判费用。为了保护自身的权益，产学研体系在成立合作意向的同时，也需要签订一份具有法律效力的、各方都能接受的合同作为法律保障。双方会从自身利益出发尽可能完善合同细节，因此造成谈判成本的增加。

第三，履约成本。在合作过程中，为了规避产学研体系中各方利益集团无法按原思路执行合同的风险，由此产生利益相关者负担的履约成本。虽然，在一开始利益方通过合同规制、按照法律规定可以限制成本。但是，由于制定合同时的法律体系不够完善、诉讼成本较高等原因，服务成本仍难以消除。

第四，其他成本，如风险成本。如果公司采用该技术，市场已经发生变化，不能达到预期效果，不仅会给公司带来必要的利益损失，还会造成破产；再比如，在学术研究机构中，技术人员频繁跳槽、实验设备损坏等意想不到的问题也会增加交易成本。

(3) 三重螺旋理论

三重螺旋模型（Triple Helix）理论是20世纪末以亨利·埃茨科维茨（Henry Etzkowitz）为代表人物的一种创新结构理论。1997年，埃茨科维茨系统提出了三重螺旋模型的概念，全方位诠释了在产学研体制中政府、生产企业、科研院所之间的互动关系。在信息时代，建立政府一企业一大学的基本分析范式是知识经济的主要特征。以某一地区的高校和科研院所为代表，融入产业链，成为该地区企业的智力、技术等资源的重要支柱。高等教育机构与科研院所开展企业发展的基础性研究：一方面，协助合作企业完成其在生产过程中所需要的基础理论研究，促使企业和市场形成无缝对接。与此同时，企业可以将拥有的合法专利成果以市场规则出售、转让等，以此促进目标区域的整体高新技术与企业生产、政府公信力协调发展，使研究机构产生较高的社会经济价值。另一方面，产学研体系也将促进高等教育机构的长足发展。

产学研体系的构建与合作将有利于推动科研院所不断发展、提高企业经济效益以及促进区域经济发展。这使我们着力考虑将大学和公共研究机构纳入区域经济发展规划体系中，并推动这些组织在提高区域创新能力和促进产学研之间的合作。这既是生产企业与高校之间知识、物质等资源的交流，也是政府发挥作用的抓手，是政府宏观调控与企业生产、科研机构支持研究共同作用的结果。“政府—企业—高校”的深入合作，协同行动会影响到产学研合作的开展。

（4）协同理论

1971—1979年，德国著名科学家哈肯进行了大量论证与说明，最终提出学术意义上的“协同”概念，并且对其进行了详细的阐述。通过对交叉学科、多个领域对话的分析和研究，协同理论的研究对象开始从微观层面转移到宏观层面。协同理论的基础在于系统论、信息论、控制论、突变论和结构演绎论等理论。可以说，这是知识经济时代下科学研究的结果。1965年战略管理的代表人物安索夫在《企业战略》一文中基于协同的基本理念，提出强调系统中各个下属部分之间的相互作用所产生的整体性的增值效应，增值效应并不是由单独的单体单元发生作用产生，双方合力大于原设定的效果，这就是经典的“1＋1＞2”的效应。

战略协同的做法开始逐渐被各行各业所接受，其发生作用的路径正从生产产业内部合作向生产企业行业合作与多学科之间跨界交流合作延伸。产学研体系中各方寻求协同效应，其经济根源在于生产企业的产业扩张部署、并购等战略措施。战略协同理论形成于工业科学领域的多维度理论与实际应用的充分结合，旨在为真正实现生产资源共享、利益互补的合作伙伴提出确定共同市场份额的战略目标，使具有相同业务实力的两个或两个以上企业（或特定企业和职能部门），面对共同风险和要素的多向流动通过各种协议和条约，从原有生产企业内部的纵深合作向生产产业外与多学科跨界合作延展。

（5）资源依赖理论

不同企业之间存在很大差异，也造成了许多问题。例如，企业间资源分配不均衡，造成企业间交流不畅。通过价格机制在市场上形成的交易资源参差不齐，此外，企业不可能拥有所需的全部资源，这些因素导致了对资源型组织的依赖。为了获得所需的资源，企业会与其他组织联系，得到各种政策支持。这种理论的基本假设条件：①生存是任何组织开展其他活动的前提基础；②组织生存的基本条件与日常活动离不开获取资源，这些资源通常不是组织自身可以生产的；③组织的生存以能否具备控制与其他组织关系的能力为前提。由于该组织的资源缺乏独立性，该组织将努力控制其外在环境，准备应对紧急情况，寻求与其他组织的密切关系，并努力避免过于依赖某一市场和技术。

1986 年，美国学者劳伦斯·克莱因（Lawrence Klein）提出的“链环回路”成为产学研协同创新过程的经典范式。该模型基于线性模型呈现，虽然没有摆脱原有学科的限制，但它增加了创新的资源要素和要素之间的相互作用。1992 年，美国学者罗斯韦尔（Rosewell）又基于研究提出了技术创新模型。他认为自 20 世纪 60 年代以来，伴随科技革命的发展，产生了五种极具代表性的创新模式：①技术创新模式；②技术促进模式；③需求促进模式，又称市场促进模式；④技术市场互动模式；⑤集成创新模式。在罗斯韦尔看来，这五种创新模式中第四代创新模式的出现，标志着一个新时代出现，因为创新的过程本质上来说就是资源获取与开发的过程，即从一个功能到另一个功能的研制开发历程，其过程涉及创新需求提出后，科研团队研发、原型塑造开发、批量生产制造、市场推广营销和其他辅助活动，这一系列变化都昭示着原有观念的转变。

20 世纪 80 年代以来，创新模式的研究一直是人们关注的焦点。虽然在研究方法和研究路径上存在一定的差异，但他们的研究结论都表达了创新是一个动态的、综合的过程的观点。因此，我们应该从创新的全过程而不是某个环节来考量创新活动。对于具体的创新，它应该是一个由多种力量组成的活动。这些研究突破了“企业是创新活动的主体”的观点，将企业外部的社会组织纳入创新活动的范围，为产业的提升、大学和研究机构的发展提供了重要的、有力的保障。

20 世纪末，在政府和社会的双重推动下，我国大力发展产学研协同性研究，使得该发展模式在短时间内有了巨大的提升并在后来的一段时间内逐步完善成熟。为了进一步研究产学研的组织模式、作用机制及产学研后期研究成果的具体转化，教育部、经济贸易委员会携手中国科学院，三者强强联手，成功开创了“产学研协同发展工程”。此工程的实施有助于加强企业和各高校、各科研院所之间的交流和联系，有助于新时代专业人才的培养，从而进一步加速科研成果的转化。近年来，随着产学研研究的不断深入，越来越多的学者已经认识到国家想要提高自主创新性，靠的不是企业、高校、科研机构的独自创新，而是需要将三者融合，将学校和科研机构的创新带入企业，实现技术的扩大化，从而实现企业的创收和盈利。

2. 产学研协同创新理论的发展与变迁

协同创新的理论研究可分为三个阶段：第一阶段是 1966—1982 年，又名初期探索阶段。在第一阶段，我国学者对协同创新的理论进行了初步的摸索，但是并没有得到实质性的成效。第二阶段是 1983—1999 年的缓慢增长阶段。由于前期初步探索期打下了良好的基础，使得后人的进一步研究变得简单，学者对协同创新理论有了进一步的认知和理解，逐步形成了企业、高校和科研机构三者共担风险、互利共赢的产学研联合模式。第三阶段是 2000 年至今的快速发展阶段。在这一阶段企业、高校、科研机构在协同创新理论的指导下，都得到了前所未有的发展和提升。

（1）学界逐步重视夯实产学研合作研究的理论基础

在产学研合作研究的初期探索阶段，由于产学研模式刚刚兴起，外加缺乏相应的研究人员，学术界对此方面的报告少之又少。到了 1970 年左右，很多学者都无法解释西方经济一直持续增长的原因，即使使用西方著名的凯恩斯经济理论，也得不出相关原因。在后期的研究中，学者发现熊彼特的创新理论可以解释这个问题。该理论自然成为产学研的基本理论基础之一。除此之外，罗杰斯（Rogers）的创新扩散理论也是产学研合作研究的理论基础，在当时也引起了产学研研究者的广泛关注。1982 年，纳尔逊（Nelson）

和温特（Winter）在《经济变化演化理论》中提出的经济变化演化理论已成为产学研协同创新领域的重要理论基础。随着学者在这一领域研究的不断深入，工业大学研究进一步深入到技术、知识等基础层面。例如，Jaff 和 Etzkowitz 在其代表性文献中都把微观层面的知识溢出作为企业技术创新、生产率提高的主要驱动力。

（2）学界把精力聚焦到产学研合作研究的主要问题上

在初期探索阶段，关于产学研合作问题的学术研究主要围绕产学研合作模式、如何加强产学研合作伙伴之间的联系、如何协调不同机构之间的关系等方面展开。“产学研”“合作”“关系”“互动”是这一发展阶段文献中的关键词。在缓慢增长阶段，除了研究产学研的合作模式之外，学者们还将研究重点扩展到产学研合作动机上，以及产学研合作对高校的影响，深化了产学研合作中知识转移的重点。在快速发展阶段，不同于缓慢增长阶段，产学研的合作模式、产学研的动机和关系也是学者们研究的重点之一。这一时期比较创新的产学研模式是三重螺旋创新模式。除此之外，学术界还研究了产学研合作带来的经济效益，并进一步分析了影响产学研项目实施和推进的各类因素，加强了社会各界对此领域的认知和理解。

（3）产学研合作研究和应用领域越来越多

相对而言，产学研领域的产生和发展与高新技术产业的产生和发展密切相关，这是因为这些产业更迫切需要通过产学研合作来支持、来创新、来发展。各行各业都离不开技术的创新，也离不开产学研的合作。从航天航空行业、电子芯片行业，到生物医药行业、机械行业，再到农业，都需要产学研的合作与支持。这说明高校和科研机构在知识和技术生产方面具有其独特的优势。另外，国家的发展也离不开产学研的合作与支持。企业通过产学研合作不断提高技术含量、增加收入，可以提高国家的 GDP、提升国家的综合实力。以美国为例，1980 年左右，美国政府出台了扶持企业与高校合作的政策，以促进产学研合作的升华。在此大背景下，美国的工业得到了更有力地发展，企业的实力也有了质的飞跃。除了美国以外，日本也是产学研合作受益的国家之一。20 世纪 90 年代后，我国也愈发重视产学研的发展与研究，此工程对于加强企业和各高校、各科研院所之间的联系，对于新时代专业人才的培养和科研成果的转化有着不可估量的作用。

表 1　不同发展阶段下产学研研究的主要问题、理论基础及应用领域

发展阶段	理论基础	主要问题	主要应用情景
初期探索阶段	熊彼特的创新理论和 Rogers 的创新扩散理论	产学研合作模式	航天航空领域
缓慢增长阶段	经济变迁演化理论	产学研相互关系 产学研对大学的影响	生物制药、信息领域
快速发展阶段	三重螺旋创新理论和知识基础理论	产学研合作动因 技术、知识转移影响因素 影响产学研合作因素 产学研对大学、企业、行业、区域的影响	制药、电子、光学领域
深化转型期	演化经济学理论、三重螺旋创新理论技术、创新社会网络理论	国家创新系统 技术、知识转移内在机制 产学研合作治理	能源产业（风能等）知识密集型产业

需要指出的是，近年来，国际工业大学的研究呈现出新的发展特点，表明这一领域的发展将进入一个新的历史阶段。生产、学习、研究的主要问题进一步深化。在产学研合作背景下，除了进一步深化传统的知识转移模式、相互关系、动机和转移等方面的研究外，特别加强了影响因素、内部机制和治理模式等方面的知识转移和技术转移的研究。例如，费尔南德斯（Fernandez）在充分理解产学研理论的基础上，将产学研划分为多个模块：就学校而言，有专利发明、专业培训、项目合作等模块；就企业而言，有人力资源培训、知识产权保护、设备设施生产等。除此以外，施蒂贝尔（Stieler）等研究者更是深入研究了产学研模式中的信任机制，并

且探讨了信任机制对创新、对知识转移的各类影响。克洛斯（Clauss）和凯斯汀（Kesting）等学者重点研究了产学研中涉及的治理机制，并将这种治理机制分为关系治理模式和交易治理模式。他们利用来自德国的415个专家样本进行研究，发现前者对产业与大学之间的知识共享有正面影响，而后者对产业与大学之间的知识共享有负面影响。上述研究，为今后产学研在合作管理方面提供了新的理论基础，也加深了人们对产学研管理的认知。

同时，工业大学研究的应用领域也逐渐丰富。在早期的研究中，学者们关注的基本都是高精尖行业，例如航空业、电子行业、信息技术行业等。近年来，研究开始探索一些低技术产业，如纺织业等。在区域选择方面，在早期的研究中，学者们主要关注美国、日本、德国等西方发达国家，后来开始将研究视野拓展到中国、印度等发展中国家。这些研究表明，产学研问题的研究不仅适用于各行各业，而且既适用于发达国家，也适用于发展中国家。深入研究产学研问题，可以为高校（包括高校教师和科研人员）、企业的发展带来重要机遇，为产业、地区乃至国家创造新的增长空间。

3. 产学研协同创新理论的主要代表人物及其观点

自19世纪中期开始，人们开始对公立大学所需要存在的教育理念和办学使命进行学术探讨与实践探索，这也是最早对产学研合作发展模式的探索，诸如美国学者弗勒斯纳（Flexner）、英国学者牛曼（Niuman）以及德国学者洪堡（Humboldt）等。美国国家重点实验室在第二次世界大战中期所做出的重要贡献以及“威斯康星思想”的确立与广泛扩散等，都对产学研协同创新发展起到了巨大的推动作用。以斯坦福大学为主要依托的美国硅谷，在第三次世界科技工业革命的强大推动下迅速崛起，充分证明产学研协同创新是推动社会经济发展的强大动力，并由此形成了产学研协同创新的“硅谷模式”，充分发挥大学教育服务经济社会的功能，并推动技术产业界与学术界之间结成合作伙伴关系，这是该模式的重要历史贡献。“硅谷模式”一直到现在依旧一直是世界各国争相学习的重要对象。

表 2　现代意义产学研合作模式的演化

代表性人物/事件	时间	主要内容
洪堡	19 世纪初	首次阐明了大学教师在研究工作中的重要作用，针对如何开展创造性探索进行了深入研究，展现了大学应担负的战略使命
牛曼	19 世纪中叶	主张大学应该将传授创新的、前沿的理论作为重点任务，而开发知识、技能不是大学首要目标
弗勒斯纳	19 世纪中叶	主张社会服务的职能在大学中的主导地位应该逐渐得到削弱，应由其他专业性的服务机构担当相应的社会服务职能
美国产学研合作探索	1862 年	《莫里尔赠地法》赋予美国高等学校一项新职责，即增强大学教育的社会作用，服务经济社会发展
	1865 年	麻省理工学院创立，大学理论研究的重点应当是推动社会经济和劳动力应用如何充分结合
	第二次世界大战前后	通过产学研合作，在多方面发挥了积极的作用，例如促进经济、科技和社会的发展
特曼	20 世纪中后期	斯坦福大学在电子工程化学、物理和高分子数学以及电子信息与工程三个学科方面发挥了顶尖的国际跨学科研究的综合优势；推动了各国政府和企业既充分地学习美国斯坦福大学的最新前沿理论和发展理念，又充分发挥了斯坦福大学“学术尖端”的专业智慧

2003 年，美国学者切萨布鲁夫（Chesbrough）首次提出开放式科技创新商业模式。开放式科技创新商业模式表明有价值的研发资源和优秀的商业创意团队，可以被一个企业组织同时从它的内部和外部获得。如果想在内部或者外部成功实现一个研发项目，就要充分运用组织内部和外部的资源优势，同时也要深刻学会在充分使用他人与自己的共同知识产权的过程中不断进步。简言之，组织中所有有关创新创业活动的管理边界都可能是模糊的。例如，开放式

科技创新商业模式被宝洁（中国）有限公司广泛采用，通过其政策汇聚更多来自宝洁全球各地的优秀创新产业资源、创新技术火花，促使宝洁新产品的研发逐步扩大和加快，从发展低谷中走出，再次成为一家极具国际创新性的龙头企业。开放式自主创新平台也推动了国家自主研发创新的深度发展。在国家战略层面上，美国是现代产学研各方合作的成功典范。技术成果转移、专利授权交易、大学创业科技园和中小企业的技术孵化器等都是其具体合作模式。其中，20 世纪 50 年代兴起的“硅谷模式”，推动了世界范围内针对产学研合作的创新实践浪潮。科研院所、相关行业科学技术机构、高科技研发企业以及科学研究型大学等都是该合作模式的重要应用主体。美国产学研合作模式经过多年演化发展，形成了目前世界主要发达国家的一种典型表现形式，例如日本科学城。

表 3　国外产学研合作关系典型表现形式与主要特点

国别	主要模式	特征
美国	科技工业园	政府、企业或大学建立，服务于已经存在的公司
	专利许可和技术转让	受到了法律的保护并利于其发展，大学科研创新成果产业化
	企业孵化器	由政府或大学建立，培养新型创新企业
	高科技企业	科技成果被大学进行产业化，高科技企业因此被创造出
	合作研究中心及工程研究中心	企业的发展需求被大学用来当作研究课题
日本	委托研究	企业不允许派人参加，只是为其提供研发资金
	共同研究	效仿了美国科技工业园
	科学城	企业不派人员参加，只提供研发资金
德国	合作研究中心	集基础研究和应用研究为一体
	联合	以政府主导，类型以应用技术研究为主
	技术转移中心	由政府兴建，主要为企业服务，特别是中小企业服务

4. 产学研协同创新理论具有的时代意义及实践价值

我国的科技创新资源经过多年的发展，已经进一步跃居全球前列，各类综合性科技创新服务平台和产业化基地的建设已经取得了重大进展，特别是涵盖了创新链各个关键环节。目前相当规模的各类综合性创新平台和基地的建设和形成，为进一步整合和共享国家科技优势资源、集聚优秀的科技人才提供了有力的保障，为建设和推进创新型国家奠定了坚实的基础。促进科技与国民经济的结合，是提高自主创新能力的重要举措。产学研的协同技术创新被认为是进一步推进科技与国民经济的结合、完善科技创新管理体系、深化国家科技管理体制改革的关键所在。

一是产学研协同创新是贯彻实施我国中长期科技发展规划纲要，促进科技与经济结合、提高自主创新能力的重要举措。世界范围内的科技发展如火如荼，技术的融合和相关学科交叉发展不断加快，新一轮的世界科技创新与革命逐渐兴起，引领未来社会发展的重要力量逐渐地转变为了新兴产业、新兴科学技术，科学技术研究的一体化发展趋势越来越明显。我们必须通过积极实施国家自主创新发展战略，实施推动全球自主创新技术资源的有效获取和整合来有效应对科技创新的挑战。

二是产学研协同创新是推动科技体制改革，促使科技管理体制不断完善，健全国家创新体系的根本举措。产学研协同创新的关键在于产学研协同创新平台的有效搭建和科技管理体制的有效改革。加强各类科技承担项目为主体的产学研用的协同联合，推动科技管理体制不断改革，才能促进一批战略性协同新兴产业的快速形成、崛起，形成一批具有较强国际核心竞争力的战略性主导产业，带动战略性产业结构的调整。

三是产学研协同创新是推动政府职能转型，发挥市场经济下集中力量办大事体制优势的战略所在。一些具有重要战略意义的科技重点项目或者具有深远意义的重大工程，通过国家层面的有效动员方能逐步开展实施。建设一批可实现国家科技革命性突破的战略性协同创新技术服务平台，如新药研发与创制、核高基、海洋生物科学与现代化工程等重大战略性专项，必须通过国家体制层面进行重大专项和重大战略性工程的规划部署和组织实施，坚持科技与产学研用紧密结合，发挥国家集中力量办大事的优势。

四、国内外产学研协同创新的比较分析

1. 部分发达国家产学研协同创新的经验

（1）美国

美国政府通过建立制度和政策体系促进产学研合作，鼓励产学研等各类主体直接面对市场自由开展合作。美国产学研协同创新的形成和完善与美国科技管理体制的发展一脉相承，值得学习。美国产学研协同创新的经验至少有完善法律制度、健全协同创新机制、优化政策环境、重视中介组织四个方面。

第一，美国政府主张产学研协同创新必须有健全的法律制度作为保障。1980 年颁布的《拜杜法案》及该法案的修正案《专利与商标修正案》主要明确了由联邦政府资助的项目的知识产权的归属问题，调动了大学教师参与产学合作的积极性。1984 年颁布的《史蒂文森—威德勒技术创新法》、后来相继出台的《联邦技术转移法》《国家竞争力技术转移法》等，都促进了政府的研究机构向产业界开放。1982 年颁布的《中小企业技术创新进步法》和《小企业技术转移法》等，促进了中小企业和大学之间的合作。美国的法律法规规范了产学研各个主体之间的利益分配、明确了知识产权归属、弥补了产学合作双方之间的价值差异冲突。

第二，美国产学研协同创新的重要经验之一就是健全了产学研协同创新的各种机制。一是健全了驱动机制。包括内在驱动和外在驱动。内在驱动包括经济利益驱动和自我发展的吸引，外在驱动包括市场需求的牵引、科技发展的推动、政策支持的拉动、文化环境的浸染。二是健全了运行机制。明确了科研投资的主体组成、科研管理部门的构成和科研活动的主体构成，明确了企业、大学（科研

机构)、政府和中介机构的功能定位，形成了各主体合作创新的作用模式。三是健全了保障机制。从法律法规、政策计划、管理服务、人力资源等方面进行外部保障，把建立合作指导原则、大学的自我完善和企业的调整作为内部保障。

第三，产学研协同创新必须有政府政策的积极推动。政府政策主要有两个方面。一方面是科研规划和科技计划，如 1998 年颁布了《开启未来：迈向新的国家科学政策》《走向全球：美国创新的新政策》等科研规划，制定了企业与科研机构联合体的计划《支持建立合作研究机构的计划》、中小企业与大学机构的合作计划等。另一方面是财税、融资和促进人员流动的政策，尤其是地方政府层面，支持大学建立研究中心，并且为研究中心提供资金支持。

第四，产学研协同创新必须有活跃的中介服务为桥梁。长期以来，美国科技中介形成了以中小企业管理局（SBA）为主体，其他社会科技服务机构为辅的网络，主要包括技术孵化型科技中介（包括各种孵化器组织、高校设立的研究中心)、技术转让型科技中介以及非营利性科技中介等。从政府层面来看，美国搭建了全国性的创新信息服务平台。如商务部成立的国家信息技术服务局，专门为大学、企业、研究机构提供信息服务，并且向社会提供综合的信息服务以及检索服务。还通过税收政策、导向型投资、建立孵化器等增强硅谷、128 公路等科技园建设创新网络。从大学、企业和社会层面来看，成立了各种类型的知识转移中介组织、全国性的行业协会、大学的技术转移组织、各种商业性的技术服务组织等，这些中介组织主要提供咨询评估、政策研究、风险投资等服务。

（2）德国

德国的产学研合作传统可以一直追溯到普鲁士时期，其中弗朗霍夫学会创造了一个企业、大学和政府合作的成功机制，形成了闻名全球的弗朗霍夫产学研合作模式。产学研合作是德国创新体系中的一大亮点，与“双元制”一起被认为对德国经济增长形成了“双轮驱动”。一般认为，德国产学研协同创新发轫于 20 世纪 80 年代的金融危机。德国在促进产业协同创新方面的主要经验做法如下。

第一，科学务实的创新战略规划。德国政府特别注重顶层设计和科学战略决策的作用，出台国家科技发展战略，注重发挥战略的牵引作用。2006 年，德国出台了德国高技术战略，2014 年出台了“新高技术战略”，后面又陆续推出了“高科技战略 2020”“高科技战略 2025”等，明确提出了要加强国内外产学研合作。为进一步加强相关合作，德国政府以竞赛形式在国内先后选出 15 个尖端产业集群。每个集群内的企业、高校和科研院所等将围绕该地区确定的核心产业开展合作创新。政府总计为此投入 6 亿欧元。为促进高校科研成果转化，德国联邦和州政府 2016 年启动“创新高校”项目，将高校“成果转化与创新”提升到和教学、科研同样重要的位置。该项目资助已有具体计划与企业等合作进行技术转化的高校，预计 2027 年前投入 5.5 亿欧元。

第二，建立企业化运营的产学研合作机构。成立于 1949 年的德国弗朗霍夫学会是欧洲最著名的非营利性应用技术研究机构，在德国被注册为公共事业学会，其任务是通过应用研究领域的技术开发为技术密集型企业拓展市场。通过多年运作，形成了政府资助、学会企业化的著名模式。这个组织中的每一个合作者都发挥着特定作用：大学承担基础研究工作和培养学生雇员的重任；政府在自己的实验室进行应用性研究并对弗朗霍夫学会提供财政支持，以保障合作研究的最低成本；工业企业提供合同以及制造条件和营销能力；弗朗霍夫学会的研究机构培养工程人员并致力于基础研究和工业应用之间的应用研究。它们之间的相互作用在技术商业化方面创造了可观的效益。通过对德国产学研联合的弗朗霍夫模式研究，可以发现：在市场经济条件下，科技发展既靠市场，又靠国家大量投入。德国政府运用市场经济手段，建立企业化运行的非营利性机构等方面的经验，是值得借鉴的。

第三，灵活多样的产学研合作形式。德国产学研合作形式灵活多样，其中最核心的两大路径仍是共同合作研发和订单式研发。通过这两种途径，德国企业还承担了德国高校与科研机构的部分研发支出，这种来自经济界的所谓“第三方经费”不断增长，成为这些公共机构科研经费的重要补充。德国企业中最常见的合作形式，是与高校和科研机构研究人员的非正式联系，这种联系往往是建立在私交基础上的。企业的技术和管理力量来自高校的培养，经过多年的传承和积淀，形成了企业界人才与高校、科研机构研究人员之间形式多样、联系广泛的人脉网络，为德国打造了一个快速通畅而又低成本高效率的知识技术转化通道。企业与高校的密切合作，催生了一些独有的合作形式，例如企业帮助高校培养硕士和博士。德国很多有条件的企业乐于为高校相关专业的学生提供非全职工作岗位并配备指导老师，让他们在企业的实际工作中进行毕业设计，撰写学士、硕士、博士论文。这一合作的意义远远超出了人才培养的范畴。学生得以在实际工作中拓展学校知识，积累实际经验，甚而解决就业问题，而企业也往往把学生的研究工作纳入自己的研发创新项目中，既可发现人才，也可收获成果。

第四，持续资助各类主体开展产学研合作协同创新。一是，德国教育与研究部、经济部和其他部门每年推出大量面向企业的研发促进项目，其中多数把促进产学研合作列为目的，许多项目更是把产学研合作作为获取资助的前提。二是，德国出台的高技术战略包含许多鼓励产研合作的具体措施，如“研究型校园”就是其中之一。这一项目支持数十所高校、科研机构和企业为同一个大型研究项目共同合作。目前已经有 9 个长期战略性的产学研合作项目获得了资助，单个项目每年最多可获 200 万欧元资助，为期可长达 15 年。三是，《联邦研究与创新报告 2020》最新数据显示，2018 年德国政府和经济界在研发领域投入约 1 050 亿欧元，占 GDP 比重已达 3.13%，德国目标是 2025 年将科研投入占 GDP 比例提高至 3.5%。

(3) 加拿大

加拿大是典型的创新型国家，加拿大政府更加注重运用科技计划手段对产学研合作给予直接支持，并通过建立相关部门和机构促进大学和产业之间的联合创新和成果转化。主要措施包括：第一，通过实施加拿大杰出中心网络计划、大学与社区创新计划、联合研究伙伴计划，大学—产业联合创新基金等战略计划促进产学研之间的联合创新。联邦政府发起了“NCE 计划”，建立起了加拿大最具代表性的汇聚全国卓越研究者的协同创新活动平台。“NCE 计划”包括“卓越中心网络”“商业与研究卓越中心”“企业导向卓越中心网络”“产业研发实习项目”和“卓越中心网络知识流动网络”五大联盟。自“NCE 计划”实施以来，为加拿大培养了 36 000 多名创新人才，创建了 100 多家衍生公司，伙伴成员达 3 000 多个。第二，通过拨款委员会的知识产权管理计划、卫生研究院的原理验证及其伙伴计划、自然科学与工程研究理事会的概念—创新计划等战略计划资助科研成果的商业化。第三，政府还投入资金促进相关政府部门的国家科研机构、大学、企业建设区域创新联合体；鼓励高校创立创新基金会或其他技术转化机构，积极推动技术成果向产业界转移。

（4）日本

日本在促进产业协同创新方面的主要经验做法包括：一是重视法律法规的制定。日本产学研协同创新方面的立法相对健全，包括《研究交流促进法》（1986）、《科学技术振兴事业团法》（1996）和《大学技术转移促进法》（1998）等，通过搭建协同创新平台如科学技术振兴事业团、设立“产学研合作支持数据库”共享资源信息、设立大学技术转移机构（TLO）及专项基金、鼓励大学教师在企业兼职等方式促进产学研协同创新。二是具有灵活多样的产学研合作方式。合作机制包括共同研究制度、委托研究制度、委托研究员制度和教育捐赠的财会制度。这些制度激励了产学研各方共享科技资源、共同培养人才，得到的发明专利为各方所共有或由某一方在一定条件下优先使用，促进了产学研合作的达成。三是以企业为科技成果转化主体。日本以企业为产学研协同创新的引导方和成果转化的受益方，突出企业的主体作用。日本在多地设立技术密集区，要求技术密集区的发展方向与地方产业基础相匹配。政府为在技术密集区内投资的企业提供财政和税收优惠，为产学研协同创新项目提供低息贷款。四是创办科技成果转化中介机构。中介机构建立在各大城市大学和科研机构比较集中的地区，由科学技术振兴事业团负责管理。专家挑选能进行转化的科技成果，对其进行资助，并帮助其申请专利和创办风险企业。成功申请到的专利归科研人员和科学技术振兴事业团共同拥有，如实现转化，其经济收益的 50%～80%归科研人员所有。五是建立科技园和科技孵化中心。筑波科技园是典型代表，它汇集了日本 30%的研究机构和 40%的研究人员。20 世纪 80 年代以后，随着入园机构数量的增加和信息基础设施建设的增加，筑波科技园逐渐形成产学研协同创新和科技成果转化的路径。东京大学还成立了专门从事技术转让的科技孵化中心(CASTI)，由东京大学教师担任股东，由有经验的企业经营者负责经营，吸收对东京大学科研成果感兴趣的企业。

(5) 英国

英国产学研协同创新的特色体现在大学和企业的合作方面，典型模式有：一是剑桥模式。从 19 世纪 80 年代到 20 世纪 70 年代，围绕剑桥大学形成了一个包含有大量高技术公司的科技工业园，包括剑桥科学仪器公司和帕依公司等，这一现象被称为“剑桥现象”。剑桥大学鼓励校内教师到校外的科技园兼职或者创办自己的公司，并且专门技术的知识产权归教师个人所有。此外，剑桥大学各个学院具有一定的独立性和自治性，有利于各个学院与产业界建立自主的合作关系。二是沃里克模式。沃里克大学从建校之初就致力于把学术追求与经济创收有机地结合起来。它与校外企业广泛建立联系，兴办校外研究中心，共同开展技术研究、知识转化、继续教育等事务。其中商学院邀请工商界专家任教，并在校外积极组建中小型公司和科研机构。沃里克大学还创办了沃里克制造业集团和沃里克科学园区，为企业提供以产品为导向的研究服务和以工程为基础的管理培训，孵化具有创新能力的中小型科技企业，也为沃里克大学的学生提供就业机会。三是教学公司模式。英国创建了数百个教学公司，它们组织由大学和企业共同参与的科技协作项目，这样的项目必须由大学和企业共同申请才有效，且项目必须以解决生产实际问题为研究目标。教学公司还鼓励大学和企业共同培养研究生，并鼓励研究生对企业的实际问题展开研究，将求学期间的研究成果应用到企业的实际生产当中。大学教师在这一过程中为研究生提供指导，企业则为研究生提供必需的研究条件和资金。

2. 我国产学研协同创新的发展历程及主要经验

(1) 我国产学研协同创新的发展历程

自邓小平提出“科学技术是第一生产力”的重要论断之后，中国从 20 世纪 80 年代开始了产学研合作相关方面的积极探索。总的来看，我国的产学研合作协同创新经历了起步探索、协调发展、战略转型和重点突破 4 个阶段。

第一阶段：起步探索阶段（1980—1990 年）

20 世纪 80 年代至 90 年代，中央提出要解决科技与经济结合的问题，“鼓励企业、高等院校、科研机构开展联合与协作”。随后，我国各地的企业、高等学校、科研机构积极着手开展合作，政府也开展了形式多样的研究开发机制的系列改革，为促进科学技术和经济增长的结合而努力探索。在这一时期，产学研合作的主要方式是产学研联合进行科技攻关。1985 年，《中共中央关于科学技术体制改革的决定》这一文件的颁布实施拉开了我国科技体制改革的序幕，文件明确规定了科研机构与企业在科技体制改革内部组织结构的分离问题，强调要加强企业的技术创新和开发能力，加强高等院校和企业之间的合作，文件的出台为促进产学研初步结合奠定了重要基础。国家相关部委也陆续出台了一系列配套政策法规，开始探索产学研结合的新途径。1986 年，国务院出台《关于进一步推进科技体制改革的若干规定》，引导从事产品研发的科研机构逐步与企业紧密合作开展研发。1988 年，国务院发布了《关于深化科技体制改革若干问题的决定》，允许科研机构和企业签订合同，以租赁、参股、合并等形式实施联合经营。该决定使企业在经济活动中的自主权逐渐加强，科研机构逐步摆脱传统的计划经济方式，开始进入市场。产学研从各方面初步打破传统体制禁锢的藩篱，相互渗透，并探求多种方式结合。1988 年，全国首个科技工业园区——中关村科技园区（前身为北京新技术发展试验区）诞生，为大学和企业的合作提供了更加广阔的舞台。可以说，在中国产学研结合起步和探索阶段的10年，我国的产学研协同创新取得了较好的成绩，积累了一定的经验。主要体现在：第一，从政府理念上，明确了产学研协同创新在经济发展中的战略作用；第二，在制度和政策体系上，进行了多方面的改革，如科技体制改革、863计划等；第三，初步确立了开放的科学制度，国家自然科学基金委员会的成立就是具有里程碑意义的标志性事件。通过政府公共资助，支持大学、研究机构开展科学研究的制度基本得到确立。

第二阶段：协调发展阶段（1992—2005年）

20个世纪90年代到2005年为我国产学研协同创新的全面协调发展阶段。这一时期，我国产学研政策的定位相对比较明确、涉及的领域不断增多，市场经济体制的制度红利有力地推动了产学研合作机制转变，即由政府为主体向以企业为主体的产学研合作机制转变。1992年，党的十四大报告明确提出，要建立社会主义市场经济体制，进一步推动科技体制改革和产学研合作。同年，由国家经贸委、教育部、中国科学院3家单位联合发起，推出了“产学研联合开发工程”，旨在建立企业、大学、科研院所之间的交流合作制度，加速科研成果向生产力的转化，加快企业技术创新和高技术产业化的步伐，逐步形成产学研共同发展的运行机制，探索一条适合我国国情的科技与经济相结合的道路。1993年，全国人大通过了《中华人民共和国科学技术进步法》，明确提出要建立科学技术与经济有效结合的机制，鼓励企业与研发机构、大学合作。为进一步加强对“产学研联合开发工程”的领导和协调，1994年6月27日，国家经贸委、国家教委、中国科学院、财政部等部门共同成立了产学研联合开发工程领导协调小组，这标志着我国产学研合作正式由民间进入了官方领域。据统计，1992年至2005年这十多年间，全国每年约有近10万家企业、8 000余所大学参与产学研合作，合作开发或转让的科技成果达17万多项，产学研合作协同创新在全国范围内开展起来。在政府的引导下，企业与科研院所、高等院校积极运作、实施，通过专家咨询、技术转让、共建技术中心、共同研究开发、共同办高科技实体等多种形式的产学研联合，逐步形成了优势互补、风险共担、利益共享、共同发展的产学研联合模式，有力地推动了经济、科技与教育体制的改革，促进了科技与经济的紧密结合。

第三阶段：战略转型阶段（2005—2010 年）

2005—2010 年，是我国产学研合作协同创新的战略转型阶段。从 2005 年开始，在提高自主创新能力、建设创新型国家的战略推动下，我国产学研合作协同创新进入了新的战略转型期。2006 年，全国科技大会通过的《中共中央国务院关于实施科技规划纲要增强自主创新能力的决定》提出，建设创新型国家，鼓励产学研相结合建立企业的技术创新体系，支持科研机构和高等院校共同建立研发机构和技术联盟等科技创新组织。同年出台的《国家中长期科学和技术发展规划纲要（2006—2020 年）》提出，产学研融合是促进科技资源科学有效分配的关键途径，要通过产学研合作激发企业、科研机构和高等学校的科技创新能力。2006 年 12 月 28 日，科技部、财政部、教育部、国务院国资委、全国总工会和国家开发银行在科技部召开会议，成立了“推进产学研结合工作协调领导小组”，决定按照《国家中长期科学和技术发展规划纲要（2006—2020 年）》配套政策的要求，加强产学研合作的统筹协调，共同开创产学研合作工作的新局面。会议确定，由六部门共同推进产学研结合工作，明确指出要把建立以企业为主体、以市场为导向、产学研结合的技术创新体系作为突破口，建立国家创新系统。2007 年 6 月 10 日，国家科技部、财政部、教育部等部委联合召开会议，正式启动产学技术创新战略联盟试点工作，这项工作的目的在于创新产学研结合机制和模式，构建产业技术创新战略联盟。

第四阶段：重点突破阶段（2011 年至今）

协同创新是指创新资源和要素有效汇聚，通过突破创新主体间的壁垒，充分释放创新主体之间的人才、资本、信息、技术等创新要素的活力，进而实现各类创新主体的深度合作。产学研协同创新不仅有助于国家创新系统内的知识流动和转移，也是提升国家产业技术能力的基本途径。2011 年，胡锦涛同志首次从国家战略高度提出了协同创新。2012 年，教育部和财政部启动“2011 计划”，旨在建立一批协同创新中心，重点突破科学前沿、文化、行业产业、区域发展中的关键性问题。2012 年 12 月 15 日，习近平同志在中央经济工作会议上的讲话中明确提出，创新的实质效果是优胜劣汰、破旧立新，要着力构建以企业为主体、市场为导向、产学研相结合的技术创新体系，注重发挥企业家才能，加快科技创新，加强产品创新、品牌创新、产业组织创新、商业模式创新，提升有效供给，创造有效需求。2014 年 2 月 26 日，习近平同志在北京市考察工作结束时的讲话中指出，要积极开展重大科技项目研发合作，支持企业同高等院校、科研院所跨区域共建一批产学研创新实体，共同打造创新发展战略高地。2014 年 5 月，习近平同志在上海考察时强调，要加大科技惠及民生力度，推动科技创新同民生紧密结合，要探索建立高效协同的创新体系，加快科技体制改革步伐，要解决好“由谁来创新”“动力哪里来”“成果如何用”的三个基本问题，培育产学研结合、上中下游衔接、大中小企业协同的良好创新格局。2014 年 6 月，习近平同志在两院院士大会上继续强调要坚持走中国特色自主创新道路、加快实施创新驱动发展战略。2015 年，中共中央国务院出台《关于深化体制机制改革加快实施创新驱动发展战略的若干意见》，鼓励营造创新的公平竞争环境，建立以市场为导向的技术创新机制，促进形成深度融合开放的环境，建立更加有效的研究体。2017 年，党的十九大报告指出，要建立以企业为主体，以市场为导向，产学研深度融合的技术创新体系，加强对中小企业创新的支持，促进科技成果转化。2017 年 12 月，国务院办公厅发布《关于深化产教融合的若干意见》，强调深化产教融合的主要目标是逐步增加企业参与办学，完善高校多元化办学体制，形成校企合作、产教融合、良性互动的发展格局。2019 年 11 月，十九届四中全会进一步提出，要建立以企业为主体、市场为导向、产学研深度融合的技术创新体系，支持大中小企业和各类主体融通创新，创新促进科技成果转化机制，积极发展新动能，强化标准引领，提升产业基础能力和产业链现代化水平。

（2）我国产学研协同创新的主要经验

当前，我国产学研合作协同创新已经形成了新机制，并释放出新动能。一大批科研机构、高等院校、各类企业和政府机构等单位，建立了数以千计的各类以企业为主体、市场为导向、产学研相结合的技术协同创新联盟，越来越多的科学家、企业家、金融家依托这一合作机制，协同创新，取得了不错的成绩，开发了大量的成果，也积累了一些宝贵经验。

第一，加强产学研协同创新的制度设计。改革开放以来，我国自上而下的科技体制改革和系列政策法规大力促进了产学研合作，产学研协同创新政策经历了起步探索、协调发展、战略转型和重点突破四个阶段，不同阶段具有不同的政策重心；聚焦创新发展、科技创新、经济社会发展、人才培养和公共创新服务五个方面，从科技成果转化、技术创新、产业发展、平台建设、人才培养和合作路径六个方面进行持续的政策支持。

1978—1991 年，相继出台了《中共中央关于科学技术体制改革的决定》《关于深化科技体制改革若干问题的决定》等代表性政策，明确规定了科研机构与企业在科技体制改革内部组织结构的分离问题，允许科研机构和企业签订合同，以租赁、参股、合并等形式实施联合经营。1992—1998 年，出台了《中华人民共和国科学技术进步法》《关于高等院校发展科技产业的若干意见》等代表性法规，提出要建立科学技术与经济有效结合的机制，鼓励企业与研发机构、大学的合作和协作，并对大学科技产业发展指导方针、企业制度、财务人事管理制度等方面做出了具体规定。1999—2005 年，发布了《中共中央、国务院关于加强技术创新，发展高科技，实现产业化的决定》《关于加速实施技术创新工程形成以企业为中心的技术创新体系的意见》等代表性文件，加强企业与高等院校和科研机构的合作，发挥企业在技术创新中的主体作用，并在实践中探索产学研结合，促进科研机构和技术型企业实体的联合，鼓励各种形式的产学研合作，逐步形成了以企业为主体，大学和科研机构广泛参与的产学研联合机制。2006—2010 年，出台了《中共中央国务院关于实施科技规划纲要增强自主创新能力的决定》《国家中长期科学和技术发展规划纲要（2006—2020 年）》《中共中央国务院关于深化体制机制改革加快实施创新驱动发展战略的若干意见》等政策，旨在鼓励产学研相结合建立企业的技术创新体系，支持科研机构和高等院校共同建立研发机构和技术联盟，明确产学研融合是促进科技资源科学有效分配的关键途径，倡导建立以市场为导向的技术创新机制，促进形成深度融合开放的环境，建立更有效的研究体。2011 年以来，尤其是党的十八大以来，中央陆续出台了《关于深化体制机制改革加快实施创新驱动发展战略的若干意见》《关于深化产教融合的若干意见》《国家产教融合建设试点实施方案》等代表性文件，提出实施创新驱动发展战略，更加注重协同创新，明确要求建立产学研协同创新的新机制，在促进科技创新、加快经济发展方面成效显著。各个时期，地方政府也制定了相关举措和配套政策，形成了推动产学研协同创新的制度体系。

第二，丰富产学研协同创新的地方模式。从微观层面看，随着创新驱动发展战略的深入实施，全国上下高度重视产学研用协同创新，初步形成了以开展技术合作、协同技术攻关、共建研发中心、共建技术联盟、共建产业基地等为主的产学研合作协同创新模式。从区域层面看，国内不同地区结合各自区位优势，坚持高位推动，坚持因地制宜，坚持多措并举，探索出了具有各自特色的产学研协同创新模式。

北京聚集了全国顶级的多所高校，特别是中关村地区有清华大学、北京大学等著名高校作为坚强的科技后盾。北京充分利用人才、技术、资金等各类要素和资源优势，抓住中关村国家自主创新示范区建设的战略机遇，围绕建设有影响力的全球科技创新中心这一目标，把握高质量发展的根本要求，深入实施创新驱动发展战略，高水平推进全国科技创新中心建设各项工作，产学研合作协同创新在全国处于领先地位。改革开放以来，北京通过制定出台有效的政策措施、大力推动产学研协同创新平台建设、着力推动产学研协同创新的国际化等举措，形成了以下产学研协同创新模式：①平台企业为主体的模式；②高校企业为主体的模式；③社会企业为主体的模式；④技术资产经营模式；⑤带土移植模式；⑥代理创业模式；⑦企业＋中心（实验室）模式。

上海是我国经济、科技和教育发展水平较高的地区，不仅科研院所、高校和企业的数量众多，而且高校、科研机构的研究实力和企业开发能力在全国名列前茅。30 多年来，经过政府、企业、高校、科研院所的共同探索与实践，上海逐步形成了一个以市场需求为导向、以政府为引导、以企业为主体、高校和科研院所积极参与的政产学研协同创新体系，这在上海建设具有全球影响力的科技创新中心进程中发挥着重要的作用。上海将深化产学研结合作为建设科技创新中心的重要着力点，树立了产学研结合是促进创新链与产业链有机融合、增强科技创新实力的主要途径的思想认识。在《关于加快建设具有全球影响力的科技创新中心的意见》《关于进一步深化科技体制机制改革增强科技创新中心策源能力的意见》等文件中明确，上海将构建以企业为主体的产学研用相结合技术创新体系，探索在产学研领域发挥市场配置资源的决定性作用，从市场导向、利益共享、人才引进、科技金融、中介服务等方面构建市场化机制，进一步深化产学研合作协同创新，全面提升上海市科技创新水平。

广东持续推进科技成果与产业精准对接，促进全省经济发展提质增效；持续推进产业关键共性技术攻关，支撑企业提升国际竞争力；持续推进产学研合作基地建设，推动创新型产业集群发展；持续推进科技体制改革，新型研发机构建设蓬勃发展；持续推进创新平台建设，不断优化科技创新支撑体系建设。近年来，在“三部两院一省”合作框架下，广东产学研在合作的广度、深度和精准度方面有新的提升和拓展。产学研合作重点工作从项目合作转向平台、载体建设；从人才的“不为所有、但为所用”转向人才落地、入驻；从营造良好氛围转向落实体制机制；在平台建设、重大科技成果转移转化、人才引进与培养等诸多方面都有了提质和增量，形成了省市、校地、校企多层次联动，地方政府、高校、企业、研究机构多主体协同创新的新局面。

第三，搭建产学合作协同创新各类平台载体。

①国家自主创新示范区。

国家自主创新示范区是指经过国务院批准，在推进自主创新和高技术产业发展方面先行先试、探索经验、做出示范的区域。科技部明确指出，建设国家自主创新示范区对于深入实施创新驱动发展战略，进一步完善科技创新的体制机制，加快发展战略性新兴产业，加快经济发展方式转变等方面发挥了重要的引领、辐射、带动作用。目前，全国共有北京中关村、上海张江、武汉东湖等国家级自主创新示范区 21 个，已成为我国创新发展、转型升级的重要引擎。国家自主创新示范区已经形成了系统布局、多点辐射、全面带动、引领发展的良好态势，已经成为支撑和引领区域发展的创新高地、实现政产学研协同创新的重要平台、培育壮大新产业新动能的重要引擎、汇聚高端创新资源和要素的重要载体，也已经成为开展国际科技竞争与创新合作的前沿阵地。

②国家高新技术开发区。

1988 年 5 月 10 日，经国务院批准建设的北京市新技术产业开发试验区，也是中关村科技园区的前身，是我国第一个国家高新技术开发区。截至 2019 年，经国家批准设立国家高新技术开发区的数量已达 169 家。

国家高新技术开发区已成为经济发展的重要支撑和增长极。数据显示，国家高新技术开发区营业收入已经从 1991 年的 87.3 亿元，增加到 2017 年 30.7 万亿元；2001 年，国家高新技术开发区生产总值总和 2 855.4 亿元，占国内生产总值的 2.6%，到 2017 年，国家高新技术开发区生产总值总和达到 9.52 万亿元，占国内生产总值的 11.5%。

国家高新技术开发区的创新资源集聚效应不断放大。全国近

40%的高新技术企业及全国一半的孵化器和众创空间聚集于国家高新技术开发区。截至 2017 年，国家高新技术开发区集聚研究院所 2 900 多家、各类大学 800 多所、企业技术中心 11 000 多家、国家重点实验室 350 多个。

随着国家高新技术开发区的快速发展，新业态和新的经济增长点持续涌现。以中关村的新一代信息技术、杭州的网络信息产业、武汉东湖的光电子信息、上海张江的生物医药和集成电路等为代表的若干世界级创新型产业集群的国际影响力日益增强。人工智能、自动驾驶、区块链、虚拟现实、网络安全、人脸识别等新业态飞跃式发展。在关键前沿技术开发、重大产品与装备制造、国际技术标准创制等方面涌现出一大批高端技术和产品，带动我国相关产业迈向全球价值链中高端。

毋庸置疑，国家高新技术开发区已成为我国改革探索的先行区。中关村从 2010 年起，先后试点了“1+6”“新四条”“新新四条”等 16 项先行先试政策，取得积极成效。“新黄金十条”“科技新九条”“津十条”“众创十二条”“金融八条”等一系列全国知名的、首创性的政策措施不断涌现，大大提高了广大创新创业者的积极性和创造性。

经过 30 多年的发展，目前主流的国家高新技术开发区已经开始向局域“创新经济体”的方向发展。未来，国家高新技术开发区将继续高举“发展高科技、实现产业化”的旗帜，以提高自主创新能力和国际竞争力为核心，以坚持创新驱动、坚持聚焦实体经济、坚持改革开放、坚持特色发展、坚持绿色协调发展为原则，将国家高新技术开发区建设成为创新驱动发展示范区和高质量发展先行区。

③大学科技园。

国家大学科技园，是依托高等院校建设并经由科技部、教育部共同批准认定的科技创业服务机构。作为科技企业孵化器的组织部分，国家大学科技园是区域经济发展和行业技术进步的主要创新源泉之一，也是高等院校实现社会服务功能和产学研结合的重要平台。

大学科技园的主要定位是，要实现“创新资源集成、科技成果转化、科技创业孵化、创新人才培养、开放协同发展”5 大功能。目前，我国已经形成了国家级、省级和高校自办的 3 级大学科技园体系，数量居全球首位。截至 2018 年，国家大学科技园总量为 115 个，场地建设面积为 708.6 万平方米。我国大学科技园从 1991 年起步探索，经过近 30 年的建设发展，规模日渐扩大、模式不断创新，取得了显著成绩，已经成为我国科技体制改革创新的试验基地、科技人员创新创业的核心载体、校企资源融合共享的枢纽平台，是支撑创新驱动发展战略的重要力量。

④大众创业万众创新示范基地。

为深入实施创新驱动发展战略，纵深推进大众创业万众创新，2015 年以来，国家决定在创新创业基础较好、特色明显、具备示范带动能力的区域、高校和科研院所、企业等，支持建设一批双创示范基地，推动大中小企业融通发展，为培育壮大发展新动能、促进新旧动能接续转换提供重要支撑。2016 年至今，国家先后分两批认定了 120 个大众创业万众创新示范基地，其中区域示范基地 62 个，高校和科研院所示范基地 30 个，企业示范基地 28 个。

自 2016 年启动双创示范基地建设以来，国内各双创示范基地按照建设方案要求，大胆开展改革探索实践，推进创新资源有效集聚，不断释放市场主体活力，加快培育发展新动能，形成了一批可复制推广的典型经验做法，为推动创新创业创造、实现高质量发展发挥了重要作用。一是创业带动就业水平不断提升。2018 年，区域示范基地初创企业新增就业超过 71 万人，企业、高校和科研院所示范基地带薪兼职创业人员约 2 400 人，分别增长约 32%和 49%。二是科技创新支撑能力不断增强。2018 年，区域示范基地技术合同成交额 72 亿元，高校和科研院所示范基地成果转化交易额 74 亿元，同比增长均超过 40%。三是产业创新发展后劲不断夯实。2018 年，区域示范基地新登记企业约 41 万户，新增高新技术企业近 6 700 家，分别同比增长约 1.15%和 31%。四是创新创业生态环境不断优化。2018 年，双创示范基地新增专业化的创新创业孵化平台和载体 2 600 多个，新增载体面积 1 870 万平方米，分别同比增长约 16%和 42%；主办各类创新创业大赛 3 200 多场，吸引数十万创新创业者参与。

⑤新型协同创新平台。

近年来，北京市高度重视新型研发机构建设。早在 2005 年，北京市和科技部就联合推动成立了北京生命科学研究所，旨在探索与国际接轨的管理和运行机制，打造国际一流的基础生命科学研究机构。近几年，北京市还推动成立了北京量子信息科学研究院、全球健康药物研发中心等一批新型研发机构，吸引集聚一批战略性科技创新领军人才及其高水平创新团队来京发展。2018 年 1 月，北京市政府印发了《北京市支持建设世界一流新型研发机构实施办法（试行）》，旨在吸引集聚战略性科技创新领军人才及其高水平创新团队，推动建设世界一流新型研发机构，有力支撑全国科技创新中心建设。例如，北京协同创新研究院、北京石墨烯研究院、全球健康药物研发中心、北京脑科学与智能技术研究院、北京大数据研究院等都是以科技类民办非企业形式存在的北京典型新型科研机构。其中，全球健康药物研发中心是国内科技领域首个采用创新 PPP 模式的科技类民办非企业单位，主要由北京市政府、盖茨基金会以及清华大学共建，出资各方成立理事会、监事会，共同出资成立研发中心，共同决定研发中心的经营战略、企业结构变化、存续、研究成果归属等重大事项。

上海市于 2019 年发布的《关于进一步深化科技体制机制改革增强科技创新中心策源能力的意见》明确指出，新型研发机构是有别于传统科研事业单位，具备灵活开放的体制机制，运行机制高效、管理制度健全、用人机制灵活的独立法人机构，包括实行新型运行机制的科研事业单位、研发服务类企业、科技类社会组织。包括上海脑科学与类脑研究中心、上海量子科学研究中心、上海清华国际创新中心、高知汇科技成果转化研究院、上海机器人产业技术研究院、上海张江医学创新研究院、上海医疗机器人研究院等在内的机构，都是新成立的、实行新型运行机制的科研事业单位，在体制机制上试点“三不一综合”，即不定行政级别、不定编制、不受岗位设置和工资总额限制，实行综合预算管理，是协同创新新型平台的代表。

近年来，深圳市围绕科研体制机制改革，以市场化发展为导向，探索提供系统性的政策支持，培育出了一批新型研发机构。截至 2019 年 7 月，深圳已累计建成省级新型研发机构 42 家。新型研发机构的主要类型有两种：一种是“国有新制”模式，如中国科学院深圳先进技术研究院、深圳清华大学研究院、香港中文大学深圳联合研究基地等；一种是“民办官助”的模式，如华大基因研究院、光启高等理工研究院、坤健创新药物研究院、深圳市太赫兹科技创新研究院、深圳市中光工业技术研究院等。柴火空间、南极圈、弈投孵化器等孵化器探索出了投资加速型、产业链服务型、虚拟平台孵化型等市场共创共享共赢的模式。2019 年 4 月，清华大学深圳研究生院、中国科学院深圳先进技术研究院、华大生命科学研究院、深圳数字生命研究院等新型研发机构，与新成立的深圳湾实验室建立了合作共建关系。

第四，开展产学合作协同创新人才培养项目。产学合作协同育人项目是教育部为贯彻落实国家相关文件精神，于 2014 年启动实施的人才培养项目，旨在以产业和技术发展的最新需求推动高校人才培养改革。

一是支持高校院所内部转化机制创新。依托国家和北京市围绕成果转化不断出台的各项激励政策，支持北京大学、清华大学、中国科学院等高校和院所建立技术转移中心，连续五年给予经费支持，并在北京大学设立 3 000 万规模的成果转化孵育基金。聚焦科技成果转化“最初一步”，与北京市科委合作设立中关村前孵化创新中心，同时出台概念验证支持计划，已在北京航空航天大学设立首个高校概念验证中心，2019 年计划设立 5 个验证中心，并面向社会征集验证项目，对基础研究成果转化为应用技术和产品的阶段给予支持。与中科院合作设立中科海淀创新综合体，成批导入中科院硬科技成果转化项目。

二是支持清华大学工业开发研究院、北京协同创新研究院探索新路。两个机构通过不同的模式，在产学研协同创新上走出了新路子。支持清华大学工业开发研究院设立荷塘探索等基金，同时在医药健康产业上发挥平台作用，建立了全球健康药物研发中心、国际医疗机器人创新中心。支持北京协同创新研究院建立跨高校院所的资源整合机制，5 年间累计立项 159 项，已完成转化 116 项，转化率超过 70％；累计新成立高科技企业 47 家，目前正在积极申报建设综合性国家技术创新中心。

三是建设中关村协同创新服务平台。推出协同创新券，促进中小微企业与高校院所、社会机构等开展产学研合作，降低中小微企业研发投入压力，提升区域自主创新能力。新增创新驿站 11 家，协同创新券共计申请通过 182 个项目。截至目前，平台累计促成创新服务交易约 5.8 亿元，创新驿站数量达到 63 家。

四是建设企业协同创新人才培养项目。2013 年，教育部与中兴公司签署了在高职教育领域的战略合作框架协议，创新了“企业主导、师生参与、校内实施、市场应用”的产学研合作模式。2014 年起，微软公司开始参与教育部产学研合作项目；2014—2016 年开展的是产学合作专业综合改革项目；2017—2019 年开展的是产学合作协同育人项目，该项目主要包括三方面内容：青年师资培训项目、拔尖人才培养实训计划、教学内容与课程体系改革。

为推进产学研协同创新、支撑实施创新驱动发展战略、提升教育服务经济社会发展能力、促进科技成果转化，教育部科技发展中心设立“中国高校产学研创新基金”，将部委、企业、高校三方有机结合，积极探索产学研创新实践、创新人才培养机制，推动建立以企业为主体、市场为导向、产学研深度融合的技术创新体系。为促进信息技术与教育深度融合，教育部科技发展中心与用友网络科技股份有限公司、华夏长城教育咨询有限公司联合设立“用友专项”，用以支持高校在大数据、云计算、云原生开发、智能机器人平台等领域的科研和教学改革创新研究。教育部认真落实《国务院办公厅关于深化高等学校创新创业教育改革的实施意见》（国办发

〔2015〕36 号）和《国务院办公厅关于深化产教融合的若干意见》（国办发〔2017〕95 号）要求，深化产教融合、产学合作、协同育人。截至 2019 年 8 月，经教育部审核通过的共有 324 家企业支持的产学合作协同育人项目 10 647 项。

3. 国内外产学研协同创新机制比较分析及相关启示

（1）各国产学研协同创新机制的比较分析

世界各国的产学研合作协同创新机制总体表现出趋同的特征，即以市场为导向，以企业为创新主体，政、产、学、研协同创新，但因各国宏观管理体制和文化背景的差异，其创新机制又各具特色。分析比较不同国家在产学研合作协同创新方面的做法和经验可以发现，政府在支持产学研合作协同创新的方式上表现出总体趋同的特征：一是致力于营造有利于产学研协同创新的政策环境；二是更倾向于运用科技发展战略、科技计划等手段对产学研合作协同创新以项目资助等方式给予直接支持；三是鼓励搭建面向市场的产学研合作协同创新平台；四是多数以获取产业关键技术和共性技术作为产学研创新的主要目标；五是重视发挥中介机构的作用。

虽然各国政府在支持产学研合作协同创新上的总体趋势相同，但在产学研结合中发挥的作用各不相同，主要表现在：①美国政府在产学研合作中干预较少，而日本的产学研合作主要是政府主导的；加拿大和英国政府注重运用科技战略计划直接推动产学研合作。②美国、英国、加拿大的科研成果转化率较高，这与其重视中小企业和高科技企业创新有关，因为大学和科研机构的成果转化对象多是中小企业；而日本长期以来关注大企业创新，中小企业创新活力仍然不足。③产学研合作协同创新和“双元制”并行，用双轮驱动来促进经济增长是德国长期以来保持发展态势的重要经验。

（2）国内产学研协同创新机制的比较分析

第一，突出科技成果转化的价值取向。我国目前主要的产学研协同创新模式是高校主导型的产学研协同创新模式。高校主导型的产学研协同创新模式的三大主要功能是科技成果转化、创新创业型人才培养、高新技术企业孵化，而在这三者中，科技成果转化又占据主要地位。与此同时，在所有发展产学研协同创新的相关政策中，我国政府更加注重加速科技成果转化的政策制定。与企业相比，高校凭借其强大的科研能力、学科优势和优秀的科研人才队伍，拥有较多的科技成果，但是其在科技成果转化的方面能力较差。我国各级政府通过政策刺激、减少或免收税费、专项补贴等手段来引导高校与企业进行合作，从而促进科技成果的快速转化，提升企业的技术创新能力。近年来，国家更是大力支持科技中介服务机构的建立，加速了技术市场化的进程。

第二，融资渠道以政府财政拨款为主，科技金融服务能力较差。我国目前推动科技产业发展的主要方式就是产学研合作协同创新，这就需要国家公共财政注入大量资金保障产学研协同创新的快速发展。我国目前产学研协同创新发展的资金保障主要来源于政府财政拨款以及其他优惠政策，说明其融资渠道比较狭窄。科技金融作为推动技术进步、发展高新技术产业的主要经济动力，在金融工具、制度、政策等方面呈现出缺乏系统性、创新性的特点。尤其在欠发达的西部地区，科技金融服务流于表面形式，碎片化发展。

第三，主体功能定位以政府和高校为主，企业为辅。企业是产学研协同创新过程中将技术成果转化为产品的一大重要参与主体。然而，在实际发展过程中，企业面临激烈的市场竞争压力，并未意识到自身在产学研协同创新中主体地位的重要性，过度集中于短期内可以获取最大利润的产品和服务，忽视长期对技术研发、创新人才培养的投入。在发展产学研协同创新、提升科技创新能力的过程中，中小企业相较于大型企业具有很大的优势，同时中小企业也是发展科技协同创新的主力军。然而，我国大多数中小企业创新意识不高，对知识产权、核心技术重视程度差，因此在开展协同创新的过程中，与高校、科研机构主动合作的积极性差，对产学研合作项目的运营管理能力比较差。

第四，协同创新动力以内部动力为主，外部动力为辅。产学研协同创新是指有效聚集企业、高校、科研院所、政府、科技中介服务机构、金融机构等参与主体的创新要素，打破彼此之间的壁垒，开展技术创新战略联盟。动力机制为产学研合作协同创新提供了方向和目标，不断激发各参与主体的行为朝着同一方向前进，是影响产学研合作协同创新能力的主要因素。产学研合作协同创新的内部动力主要是利益驱动力、战略协同引导力、内部激励推动力和创新能力保障力，外部动力主要是技术推动力、市场需求拉动力、市场竞争压力和政府支持力。目前我国产学研协同创新模式主要是以国家重大科技战略为主导，各参与方在利益的驱动下形成技术创新研发战略联盟，充分发挥各方在人才、设备、资金、信息流等方面的优势，实现资源共享和角色互补。这种协同创新模式的动力因素主要是内部动力中的利益驱动力、战略协同引导力和创新能力保障力以及外部动力中的政府支持力。

（3）对产学研协同创新机制的启示

第一，完善政策环境。通过立法建立必要的制度基础，以美国和日本最为典型。两国法律均以不同的方式鼓励大学、研究所和企业之间加强合作，推动技术转移和商品化。此外，两国政府还设立专门的科技计划，明确要求只有产学研联合申请的研究项目才能得到资金支持。在良好的制度基础上，产学研三方各取所需、自愿结合，政府不需要“发号施令、强行撮合”。政府的作用仅在于构建和维护良好的制度环境，为产学研三方牵线搭桥。因此，我们应加强法规体系建设，制订有关产学研合作的政策及管理办法，出台国家技术成果、知识产权管理办法。应建立相应的技术转移管理机构或服务机构，制订相关措施或管理办法，加强技术转移示范机构认定及管理，加强技术经营人才引进及培训，促进政府科技计划项目成果转化，鼓励科研人员与当地企业技术合作或创业，培育成熟的市场环境和公平竞争机制，促进中小企业发展。

第二，明确以市场需求为导向。产学研协同创新应使科技成果在产生源头上就满足明确的市场需求。许多发达国家都将是否能满足市场需求作为产学研合作项目的评定标准，通过为创新型企业设立孵化器、将产学研协同创新成果产权合理转让给企业、要求部分科研专项资金只能下发给有企业参与的项目等措施，凸显企业的主体地位，将产学研协同创新引导至以市场需求为导向的良性机制中。

第三，明确企业创新主体地位。发达国家技术转移体系中，企业是创新主体。在美国、英国等国家，大学和研究机构围绕企业需求开展技术创新。在我国的产学研协同创新制度体系中，应逐渐建立市场为导向、企业为主体的产学研创新机制。同时，应鼓励高校和科研院所与企业开展深入合作，围绕企业需求进行技术创新。

第四，强化产学研公共服务平台建设。公共服务平台建设是产学研协同创新的重要保障，我们应该围绕国家目标和地方需求，加快推动国家级工程技术研究中心以及产业化示范基地建设，建成一批市场链、技术链或产业链明确的公共技术服务平台；建立信息共享服务平台，收集、发布相关领域科技成果，并联合国内相关领域专家和权威院所，组建专家库，开展成果价值评定；建立技术交易平台，完善技术转移、知识产权保护体系和机制，为交易双方提供保障。

第五，打造高质量的市场化中介机构。技术转移过程是一个十分复杂的巨大系统，涉及诸多方面，尤其是针对某一高新技术产业，市场化的中介机构是必不可少的因素。发达国家广泛设立专门致力于促进产学研协同创新的中介机构或其他基础设施。如日本建立了科学技术振兴事业团，它广泛组织科技成果转化领域的专家，帮助企业识别成果价值、提供资助、申请专利等；英国创建了教学公司，组织并资助由大学和企业共同参与的科技协作项目。此外，许多国家均设立与产学研协同创新相关的数据库，如日本的产学研合作支持数据库、德国的技术转移网络、法国的研究与创新网络等。这些做法均具有一定的借鉴意义。应依托地方优势资源和产业基础，加快组建专业领域孵化器，推进产业园区或成果转化基地建设，吸引公共技术支持公司及风险投资公司入驻，为国内外人才创新创业提供市场调研、可行性分析、技术研发、小试中试、技术评估、风险投资、知识产权、价格谈判、合同履行等专业性的服务链条，推进一大批科技型中小企业孵化，形成优势产业集群。

第六，引导产学研组织发展。借鉴德国弗朗霍夫学会的产学研合作系统创新模式，重视非营利性产学研合作组织建设。加快推动产业技术创新战略联盟建设，择优选择一批联盟，支持其承担重大科技计划项目，集合产学研力量，突破产业发展的核心共性关键技术，并加快成果在联盟内部转化。

第七，深化院地（校企）合作平台建设。推动高校及科研院所对当地企业的技术服务与转移。鼓励高校、科研院所与地方共建院士合作站、中试基地等平台，组织开展与地市的专家技术交流论坛及科技成果展会等，促进其与高新区、地方政府以及大型企业建立不同层次的技术转移长效机制。

第八，充分发挥大学的凝聚力和吸引力。大学在产学研协同创新中具有较强的凝聚力和吸引力。斯坦福、剑桥、沃里克等世界著名大学都是科技园的大本营，甚至许多科技园的诞生本身就在很大程度上依赖于大学的主导。这启示我们：首先，科技园的选址应紧密围绕在研究与创新能力较强的大学周围，或可直接在大学内部建立企业与大学的联合研究中心；其次，在制度层面给予大学一定的自由度。如剑桥大学和沃里克大学的教师可到科技园兼职或创业，创造了科技成果转化的活力与动力。

五、产学研协同创新的发展方向及模式选择

1. 产学研协同创新的发展方向

（1）以市场化为导向

市场导向的一体化平台产学研协同创新模式是指以提高产业创新能力为目标，以市场需求为导向，以政府政策保障为推动力，以各类资金投入为支撑，以产学研合作为平台，建立原创—孵化—产

业一体化协同创新链而形成的新型技术经济范式。

（2）以企业为主体

发达国家的经验表明，产学研协同创新必须以企业为主体。我国在推动经济社会发展转型过程中，要加快构建企业主导的协同创新体系，从政府主导、高校和科研机构为主、企业参与的模式，向以企业为主导、院校协作、成果分享的模式转变，让企业真正成为研究开发的主体，形成政产学研用紧密合作的创新链条，政府在制定扶持引导政策时，也要考虑从选拔式、分配式扶持向普惠式、引领式转变。

（3）以多链融合为抓手

科技创新正加快推动全球产业价值链的重构和经济形态的转型，不断催生新技术、新产品、新产业、新业态，促进传统产业赋能，加快转型升级。在强调创新链、产业链融合的基础上，围绕产业链拓展创新链、人才链、信息链和资金链（如产业链金融、供应链金融等）的多元有机链接，推动集群创新，努力构建产学研协同创新的产业生态，推动多元要素的融合创新。

（4）以开放协同为发展方向

开放式创新理论认为，企业边界具有模糊性，企业的创新思想不仅来源于企业内部，也可以源于企业外部，即企业内外的创新思想在研究与开发过程中通过知识扩散与人员流动相互渗透、相互结合，从而实现价值创造。在知识经济时代，企业发展仅仅依靠内部创新资源是不够的，更需要外部创新资源的融入。产学研合作协同创新正是开放式创新的一种形式，即企业、大学和科研单位通过产学研结合的方式形成战略合作关系，集成各自优势创新资源，协同创新。这一方面要求我们努力构建开放共享的新型运行机制，搭建多领域、多主体的产学研开放合作服务平台，鼓励科研院所将科研基础设施与大型科研仪器向社会开放，使优秀的科技条件资源得到高效配置与利用，进一步释放科技资源活力，为众多企业提供优质服务；另一方面，也要求我们更积极主动地融入全球创新网路，扩大自身科技对外开放。

2. 产学研协同创新模式

产学研合作协同创新模式是政府、企业、高校（科研院所）、中介结构等各方为实现特定目的而达成的具体的行动方案，是将各方联系起来的对接方式。客观上说，任何一种模式的形成，实际上都是各合作方动态博弈的结果，是合作方在责任、权利、利益、风险等方面达到的一个平衡。

(1)“政产学研金服用”模式

以习近平新时代中国特色社会主义思想和党的十九大精神为指导，坚持发展是第一要务、人才是第一资源、创新是第一动力，瞄准一流目标，对标一流标准，以集聚一流创新人才、产出一流科研成果、形成一流转化机制为目标，以科技体制改革和制度创新为动力，面向未来并结合实际，重点布局建设一批产学研协同创新平台载体，促进“政产学研金服用”有效集聚和优化配置，全面提升科技创新供给能力，为区域经济高质量发展提供动力源泉。具体而言：“政”，政府主导创环境，政府推动科技创新的协调联动机制更加完善，精简高效的政务生态基本形成。“产”，企业主体强创新，企业创新主体地位更加突出，使区域高新技术产业产值占规模以上工业总产值比重达到40%以上，有研发活动的规模以上工业企业占比达到40%以上。“学”，大力激发各类人才活力，使高校进入国家一流学科评估A等级的学科数量倍增。“研”，科技研发出成果，区域、全社会研发投入持续增长，国家级重大创新平台数量实现倍增。“金”，金融配套强保障，多层次、多渠道、多元化的创新投入机制基本形成，非金融企业直接融资占比显著增加。“服”，中介服务提效率，区域科技服务实现专业化、产业化、品牌化发展，科技服务业增加值显著提升。“用”，成果转化增效益，技术创新的市场导向机制更加完善，科技进步贡献率显著提高。

(2) 科技成果转化平台模式

科技成果的转移转化需要注重创新链、产业链、资金链、服务链和人才链的协同。高等学校科技成果转化和技术转移基地是服务国家重大区域发展战略和经济社会发展需求，打造的一批体系健全、机制创新、市场导向的高校科技成果转化和技术转移平台。该平台旨在促进高校科技成果转移转化能力提升，让基础研究的科技成果从实验室进入企业，反向倒逼科技成果提高与市场需求的匹配度。

（3）创业型大学模式

创业型大学是勇于尝试变革的创新型大学，这类大学勇于将自己推向市场从而寻求更好的发展，它们积极与科研院所、校外组织、工业企业等建立合作和联系，在拓宽融资渠道的同时也从事一些知识转化、知识产权开发等相关事务，逐渐形成了创业型大学的产学研合作模式。在创业型大学的产学研合作模式中，高校和企业占据主导地位，政府的作用相对较弱。美国麻省理工学院和斯坦福大学、英国华威大学都是比较典型的创业型大学。可考虑依托北京城市学院组建教学公司，共同开展科技项目，委托开展课题研究，开展校企合作人才培养，共建大学创业园，同时开展初创型企业孵化等相关合作。

（4）军民融合模式

该模式以军民融合领域产学研合作协同创新发展为目标，以提高重点产业转型升级中的共性技术研发、成果转化能力、科技人才服务、产业发展规划等为主要业务方向，以推进产业链、人才链、科技链、资金链有机融合的产业协同创新服务平台建设为主要任务。该模式的实现，需要统筹配置区域军民科技资源，建设军民协同创新联盟和载体，完善军民融合创新体系，也需要深入推动军民融合发展，积极引导区内“民参军”和“军转民”企业构建高频互动的产业化闭环，促进协同创新与科技成果转移转化，催生高质量供给，形成强有力的产业带动。

（5）自发协同模式

一般来讲，协同创新是各个主体之间根据需求自发产生的。随着“互联网＋”战略的深入实施和人工智能等技术的深入应用，协同创新主体之间会自发形成一些不同类型的自组织，协同创新的便捷性会得到提高，各类主体的时间成本、经济成本、交易成本、制度性成本等都会下降。随着互联网技术的进步，在未来发展中，协同创新的模式可能会逐渐由被动协同转化为主动协同，而且不同主体之间的协同可以随时随地的发生。

（6）校内产学研合作模式

校内产学研合作模式是指高校为促进教学与科研结合，促进科研成果转化为生产力，积极筹措教育经费，利用校内自身的有形资产、无形资产、自行研究出的科技成果和人才优势，创办自主经营、自负盈亏的经济实体，并将经营实体与教育教学实习基地合二为一，以达到人才培养、科学研究、社会服务与经营效益并举的目的。

该模式的优势在于，便于学校统一有效地管理和规划；能更好更快地把学校的科技成果转化为产品；能促进学校主动面向市场进行定位，加强与社会的联系，强化社会服务功能；能快速地获得收益，为学校创造新的就业岗位，缓解人事体制改革带来的人力资源闲置的压力；能较好地协调并在实践中不断优化教学、科研与产业间的关系。但在该模式下，由于学校既是企业的创办者，又是企业的经营者，因而自身的优势不在商品的生产与经营，而是人才、科研与技术，把精力花在产学研合作的经营上，就可能偏离教学与科研的中心。校内产学研合作模式更适合于应用技术类型的高等院校。

（7）双向或多向联合合作模式

在这种模式下，产学研合作的主体组织——企业、高校、科研院所三方或两方参与合作，将技术创新的风向和收益在不同组织间进行共享，科技成果转让、技术咨询与技术服务、共建科研基地等就属于这种合作模式。这种合作模式很好地实现了资源共享、优势互补，可以充分发挥协同效应。按照产学研合作组织在合作中不同的切入点与推出点，可以将产学研合作划分为联合模式和共建模式。

联合模式以企业为主体，以技术传播和合作开发为重点，以协议、契约作为维系双方关系的纽带，组织方式比较松散，合作紧密程度比较低。这是我国目前常见的一种合作模式。产学研联合模式的具体形式包括技术转让、技术咨询、技术服务、技术培训、委托开发、合作开发、人才培养等。这种模式比较有利于集中各方的优势，符合资源配置最优化的原则，但是在合作过程中企业的主导作用较强，地方高校、科研院所容易受到企业的牵制。而且在合作时间长度和深度、选择合作伙伴、利益分享、风险分担等方面存在着许多不确定性，其内部结构比较复杂。

共建模式是产学研合作最高级、最紧密、最富有成效的形式。共建模式中各方不仅拥有前期的合作基础，从松散型合作逐步发展为稳定的长期合作，而且将相互依赖、优势互补作为合作的重要推动力，通过建立紧密型的组织形式，明确各方的权责利，在不同的组织之间实现技术传播。产学研共建模式的具体形式包括高新技术企业、科研基地、工程研究中心、高新技术产业园和产学研联盟等形式。

共建模式与联合模式最明显的区别是产生了一个崭新的实体，通过实体组织来实现产学研主体组织间直接的合作。该实体在共同的合作、指导下开展工作，它不隶属于其中一方，也不完全受其中一方所控制，体现了各方的共同利益。共建模式有利与实现高校科研人员与企业管理人员的思想碰撞，通过信息交流取长补短，也是培养和造就高层次人才更完善的方式。总之，该模式的基本逻辑是通过产学研的整合，实现资源共享、优势互补，发挥产学研结合的综合优势，提高产学研资源利用的质量和效率。

（8）地方高校自主产业化合作模式

这种模式是指作为产学研合作主体组织的地方高校在自身科学研究的基础上，拓展技术创新的后续阶段，进行技术开发、生产试制和市场营销，将技术创新的各个阶段紧密结合起来，将产学研统合为一体，使地方高校成为产学研合作中的单一主体组织。作为集教育、科研、产业于一体的地方高校，既是人才培养的地方和优势技术力量集中的场所，在治理结构上又相对比较简单，一般具有较高的工作效率，容易规避或解决因不同实体联合而带来的各种纠纷。这种产学研结合模式以市场为导向，以高科技产品为龙头，以效益为根本，对行业具有重要的带动和辐射作用。但是，这种模式将产学研合作集聚于地方高校独自承担，必然导致不能在较大范围内集中优势资源和技术，其经济效益也不能实现最大化。地方高校主要肩负着人才培养、科学研究、社会服务、文化传承创新、国际交流和合作等重要职能，这种模式也容易给大学自身的性质和功能带来一定的影响。

3. 产学研合作模式的选择依据

产学研合作模式的选择直接关系到合作的效果，甚至关系到合作的成败。然而，选择怎样的产学研合作模式是很多种因素综合作用的结果，这需要产学研各方共同参与并找到一个能够平衡各方利益的最佳方案。

(1) 产学研合作各方拥有的自身优势

地方高校、企业和科研院所在资金、设备、技术、人才、市场和管理等方面存在着一定的差距，这种差距是产学研合作得以开展的基础，是促进合作各方进行优势资源整合的动力。一般来说，地方高校和科研院所拥有人才、科研设备、知识和技术等方面的优势，企业拥有市场通道和资金方面的优势，这就为各方开展产学研合作提供了必要条件。一旦开始考虑合作，就涉及如何根据各方的利益诉求选择各方都满意的合作模式。对于大型企业集团而言，它们拥有雄厚的资金实力和较强的研发能力，可以选择企业主导型的合作模式（如技术与咨询服务、合作开发模式），由企业根据市场情况向地方高校和科研院所提供科研课题或科研资金，研发出成果后再由企业实施成果的产业化和市场化；也可以与地方高校合作成立企业工程技术中心。对于实力较为薄弱的小型企业，可以采取邀请地方高校和科研院所技术入股或直接向地方高校和科研院所购买技术成果的合作模式（如技术转让模式等）。同理，综合实力较强的地方高校和科研院所可以选择以自己为主的合作模式（如校办产业或实践基地、合作教育模式等），而实力相对较弱的地方高校、科研院所可以选择向企业提供技术咨询、技术服务和接受企业委托开发项目等合作模式。

（2）产学研合作各方存在相互需求

产学研合作的目的主要就是培养人才和实现技术成果的经济效益、社会效益，但是在产学研合作过程中，合作各方的需求并不完全相同，这也导致合作模式的选择不同。如果是出于人才培养的需要，地方高校可以选择人才培养型的合作模式（如合作教育模式），也可以选择与企业共建教学实践基地、工程实践基地等形式；如果是出于实现技术成果转化为经济效益和社会效益的需要，可以选择研究开发性和生产经营性的合作模式（如合作开发、技术转让模式）。合作开始之后，各方的利益也被紧密地联系在一起，地方高校除了采取技术转让、技术咨询服务等合作方式，还可以同时与企业共建研发实体、共同承担研发任务、共同参股经营、合资共建企业等多种方式并举的合作模式。

（3）技术成熟度及可能的市场潜力

技术的成熟度及技术成果商品化、产业化后可能形成的市场规模，对产学研合作模式的选择同样具有重要的影响，风险大小与利润高低呈正相关。如果企业直接向地方高校或科研院所购买技术成果（即技术转让模式），市场风险相对较小，但其他企业也能得到同样的技术，这使可能获得的市场利润降低；如果企业采取与地方高校、科研院所合作开发的模式，共建研发中心或实践基地，委托地方高校和科研院所进行相关技术开发，这种方式面临的市场风险大，要承担技术开发失败的风险，但是市场开发前景良好，一旦开发成功，企业将获得超额的垄断利润。因此，企业如果只是着眼于短期效益的话，可以选择技术转让的产学研合作模式；如果企业致力于获取核心技术优势，那就应该选择合作开发、共建实践基地等合作模式。从地方高校的角度来看，对于应用领域比较狭窄、市场规模比较小的技术，通常采用技术转让、技术咨询和技术服务的形式进行；对于应用前景广阔、市场潜力巨大的技术，其合作通常采用共建大学科技园、校办产业或实践基地等形式。

第二章　产学研协同创新的典型范例

一、以企业为主导的产学研协同创新

1. “创新＋创业＋产业”促进机器人行业联动发展

哈工大机器人集团（HRG）是政产学研合作的典范，该集团是由省市两级政府和哈尔滨工业大学共同成立的。HRG 产品以“贴近中国市场”为导向，除在制造业保持传统优势外，还将机器人拓展应用到文旅、健康、教育等服务业，打造了品类繁多、应对不同需求的多样化产品集合。集团已申报专利 1 400 余项，授权专利近 800 项，并预计以每年约 200 项专利的速度稳定增长；成果孵化和平台聚焦的创业项目累积超 80 个，每年新增 20 个以上。HRG 多次参加世界机器人大会等国内外展会，并积极开展国际合作，与 ABB、库卡等签订合作协议。HRG 以企业为主体、市场为导向，初步构建了包括技术研发、产品开发、成果转化、创业投资和人才团队培养的完整平台合作模式。哈工大机器人集团的主要做法与经验如下。

一是构建规范产学研协同创新人力资源体系。HRG 从建设初期就紧紧抓住人才培养的龙头，结合企业“贴近中国市场”的宗旨，不断加大人才培养力度和创新人才晋升机制。HRG 致力于打造围绕核心产业的人才培养体系，从竞争中发现人才、从创新中激发人才，逐步形成了可以驾驭专业技术和企业管理的复合型人才团队。HRG 成立企业家学院（繁星学院），引入“关键岗位人才梯度”“管理培训生培养”等培训内容，为 HRG 内外部提供人才储备和高素质的企业管理人才。

二是筹建 HRG 创新研究平台。依托哈尔滨工业大学的国家重点实验室和工学与多学科综合的技术和人才优势，HRG 积极与国内行业龙头机构合作，提升行业资源的对接能力。同时，根据机器人产业专业领域分类及各地企业对不同种类机器人的多样化需求，HRG 主导筹建和运营了多家机器人产业研究机构和创新研究院。

三是打造 HRG 创业服务平台。平台的核心业务是承接创新平台的输出成果，服务创业项目孵化，促进产学研合作和科技成果转化，促进孵化企业从创业团队向商业团队成长。平台致力于完成技术向产品转化和产品向商品转化，可为孵化企业导入营销、人才、技术、供应链、品牌、基地建设、资金等支撑资源，同时提供企业核心人才培育服务，从而保障创业者可以聚焦到技术创新等关键领域，以此提升企业的产品、扩大市场份额并实现创业价值。

四是创建 HRG 产学协同平台。产学协同平台是面向孵化企业的发展期、稳定期等各阶段的产业培育体系，为项目提供全要素流程服务，打通从技术到产品的完整产业链条，为创业项目、创新技术的孵化提供一站式服务，促进机器人产业向平台集聚以形成规模效应。平台旨在继续保持并扩大在工业制造领域的优势，并向文旅、健康、教育等服务业探索新的市场。

五是产学研合作助力 HRG 打造示范项目和明星产品。推出了一批示范项目和明星产品，通过提供专业的技术指导和独具特色的人才培养方案、面向行业的技术创新等一揽子措施，HRG 在专利申请、行业知名度和国内国际影响力方面都取得了重要进展。

2. 产学研合作创新助推企业快速发展

宁波韵升集团是国内八音琴生产企业的佼佼者，几乎拥有垄断地位，是世界上最大的八音琴生产商。多年来，公司通过产业化合作逐步走上了多元化发展道路，在钕铁硼永磁材料、电机和光通信元件的布局开始显现效益。八音琴包含 20 多个零部件，传统手工生产线组装生产成本高，且装配质量较低，公司联合高校技术专家协同研发了自动装配线，大幅提升了装配质量和速度并降低了生产成本，为企业大规模占领市场发挥了巨大作用。此外，企业还涉足钕铁硼领域，承担了国家重大科研项目，取得了丰硕的科研成果并成功申请了专利保护。作为我国重要的钕铁硼生产企业，韵升集团积极与地方政府合作，通过投资建设、技术创新扩大企业规模、不断提升行业内的影响力。韵升集团的主要做法与经验如下。

一是通畅的技术创新链。技术创新需要管理体系的配合、协同才能发挥作用，韵升集团构建了从上到下涉及上层研究院、中层研究所和基层研究团队的“三体一会”技术创新链，主要解决创新布局、创新方向和创业实践的统一协调问题。“三体”由“一会”——技术专家委员会协调运作，强调在合作中有效分工、在责任中明确权利、在平台中共享资源，构建了研发—执行—管理为一体的高效产学研协调模式。

二是创新人才管理机制。①引进高端人才。人才是第一生产力，公司在发展过程中非常注重通过产学研合作发掘高校科技人才，通过多样的合作方式，为公司注入创新思想和智力支撑。②激励技术创新。一方面施行“基本工资＋绩效工资”的弹性工资制度，鼓励能人创新、裁汰冗员；另一方面公司设定员工股份，通过让渡公司部分收益权，奖励技术创新的科技人才持股，大大激发了技术创新的能动性，提升了员工的企业归属感和责任感。

三是开展深度产学研合作。产学研合作不仅需要技术创新能力的提升，还需要企业具备生产面向市场的产品的转化能力。韵升在科研成果转化方面，坚持市场导向、产品导向，以解决市场需求为目的，对不符合市场要求的技术创新大胆说“不”，严把质量关、市场关，减少不良技术的产生率，有效强化了技术和产品的衔接程度，保证技术能够走出实验室、走向市场。

四是多样化的产学研合作模式。企业看重市场效益，研究机构则考量的方面较多，有的以获取研究经费为目的，有的以提升创新能力为目的，有的则是以扩大社会影响力为目的。面对合作伙伴多样化的需求，韵升不断创新产学研合作模式，从横向课题到共建平台、共享资源，在明晰权责利的基础上，广泛开展产学研合作，先后签订了一大批国家重大研发项目，与中科院等研究机构保持了良好的合作态势。

3. 大数据驱动智慧城市建设创新，促进中国县域经济发展

勤智数码成立于2005年，致力于推动智慧城市建设事业，运用大数据等创新技术帮助中国县域经济实现高质量发展。如与中国国信信息总公司合作，积极探索并承担城市和国家部委的大数据治理工作；积极参与成都市武侯区大数据产业发展，以“医养结合”为切入点，与相关单位一起推进产学研合作模式下的大数据应用开发和实践；承建了四川省崇州市的大数据共享和数据运营中心项目，确定了智慧城市、大数据、创新创业三位一体的立体发展模式，提出以“数据驱动创新、服务驱动创业”的核心理念，为中国县域经济的转型升级提供了可落地的新模式。勤智数码的主要做法与经验如下。

一是创新发展，产业孵化。以大数据支撑平台为基础，持续汇聚智慧产业的数据资源，以创新创业模式驱动数据价值发现、应用落地、数据沉淀和服务配套的良性循环发展格局。推动一二产业转型升级，并形成以孵化器、投融资、三方服务等各类服务企业聚集的第三产业孵化机制。建设创新创业平台，运用新型信息技术，解决企业孵化难题。以联盟等多种形式将本地项目向外推广，建设起大数据产业链发展新模式，从增加社会就业岗位、地方税收、人才培养等方面为地方经济注入新的活力。

二是串联孤岛，横向管理。信息只有通过集聚才能发挥网络效应，智慧城市数据平台通过串联全方位信息，在政务数据化、精准决策、廉洁办公、治理懒政等方面建设了全新的政府业务系统，向服务型社会迈出了坚实的一步。崇州市政务数据共享服务平台不仅汇聚了政务数据，还构建了安全的、统一的政务数据开放接口，大大提升了智慧应用开发和建设的速度。共享经济，返惠于民。创新创业生态的孵化是共享经济发展的典型案例之一，通过融合政务和

社会数据资源，向社会创新创业者开放数据，降低大数据创新门槛，以共享经济的模式驱动数据价值的分享和利用，让更多民众能参与到“数据驱动创新、服务驱动创业”的平台经济中来，真正意义上实现“数据来源于民、价值返惠于民”的理想。

三是人才落地，基金保障。通过联盟汇聚各类资源，吸引优秀的高校院所、培训机构或企业等在区域内形成稳定的人才培育机制；通过创新创业的生态孵化，吸引人才入驻，解决县域经济发展中人才短缺问题。通过政策引导与社会力量共筹区域的智慧城市和大数据产业发展基金，建立大数据产业“基地＋基金”模式，为县域经济的升级转型提供资金保障。

四是三位一体，夯实基础。形成以建成融合的民生、行业、政府智慧服务为目标，以云计算和大数据技术支撑体系为基础，以创新驱动智慧应用落地和第三产业发展升级为新引擎的三位一体整体发展格局。通过融合智慧产业数据、互联网数据和政务数据，借助大数据分析挖掘等技术，形成以数据驱动智慧城市发展的中枢“大脑”，实现智慧城市的全面“智能化”。

五是合作共赢，智慧发展。智慧城市建设需要众多优势资源协同发展，中国智慧城市大数据创新联盟的成立提供了一个全国性的承载平台，联合国内主流的智慧城市建设单位、科研院所、协会组织等一起推进以大数据为核心的智慧城市创新发展模式，在智慧产业的发展同时实现城市的全面智慧化，进而形成可落地、可复制的县域乃至城市级经济转型发展的新模式。

4. 创新学科性公司体制机制改革，加速高校产学研科技成果转化

雷科公司自成立以来，公司规模迅速扩大，员工数量从注册时的 30 人，发展到 2015 年的 400 多人；办公面积上从创业初期的 370 平方米，到如今超过 5 000 平方米，在高校产学研合作道路上越走越壮大，是北京理工大学冉冉升起的一个科技明星企业。雷科公司依托北京理工大学在卫星导航、民用雷达等领域的雄厚科研基

础，主推相关领域的高精尖民用产品，公司的市场规模实现了跨越式发展、利润额不断刷新、社会知名度大幅提升。截至 2015 年，雷科公司总资产达 1.8 亿元，净资产达到 6 000 多万元。雷科公司的主要做法与经验如下。

一是瞄准问题，充分调研，借鉴先行者宝贵经验。雷科公司成立以来，校领导与雷达所创业团队多次赴西工大无人机所、哈工大、中南大学等高校充分调研后，开始总结高校产学研经验，探索成立以股权分配为利益分配机制的公司。股份制公司成立后，切实激发了科研人员成果转化的积极性和能动性，为科技人员带来丰厚的资金回报。前期的充分调研使雷科性公司的创业者坚定了股份制学科性公司的经营理念，借鉴与汲取了体制机制改革先行者们的成功经验和失败教训，为雷科公司成立后的飞速发展奠定了坚实的基础。

二是学术和实践“两手都要抓，两手都要硬”。雷科公司首先是一个在高校主导基础上成立的学术研究型公司，具有科研属性和使命，这也正是其他公司无法比拟的优势——储备丰富的创新资源库。因此，公司的目标是高度明确的，即实现高效科技成果的转化，在实现目标的过程中，既可以提高学校在创新领域的话语权，还可以使广大科研人员享有应得的市场收益。一方面高校的院系划分和体制设计，本身就带有创新团队的雏形，即教授或实验室主导，带领高层次人才开展知识领域的探索；另一方面，学术性公司的股权分配机制高度契合了高校的院室运作模式，科技转化收益直接反馈给一线科研人员，让市场机制带活创新氛围。双创新的作用立竿见影，学校近年来的科技成果数量、专利申请数量和科研经费都到达了以前难以企及的高度。学科性公司的成功实践为高校产学研合作树立了新的典范，“学术＋技术”的双创新模式值得其他高校学习借鉴。

三是激励优秀人才加入。毛二可院士在股权分配方面施行向优秀青年拔尖人才倾斜的方式，激活年轻人的创新热情。刚刚获得毕业证书的青年人才只要在科技成果创新方面做出了突出贡献，就将与之匹配的股份分享给他。这种开明性、激励性的股权奖励政策直接点燃了青年人的创新热情，大批人才加入了公司。此外，公司发挥学科建设的优势，提供充裕资金搭建国内一流的信息技术科研平台，并利用优厚待遇，吸引并留住国内外优秀人才。

四是放下包袱，求同存异，创立股份制学科性公司。雷科公司由学校以无形资产出资、学科组教师以现金出资共同组建，有 30 多名教师持有股份，大部分为个人现金入股。这加大了学校、学院和创新团队三方的利益协调难度，为解决这个问题，学校积极吸收社会企业的成功经验，推出了以股权激励为核心的权责利调配机制，通过二次分配的方法承认并保障了学校和学院在基础设施、团队建设和人才集聚等方面的贡献。

5. 企业产学研协同创新的必由之路

中国宝武钢铁集团有限公司是我国十一届三中全会后第一批成立的钢铁企业，40 多年来，宝武钢铁集团专注钢铁产业，将高精尖钢铁制造作为企业发展的核心动力，企业规模不断扩大、企业知名度节节攀升，在国内外享有良好的声誉。2019 年，宝武钢铁集团在《财富》世界 500 强中排名第 149 位、“一带一路”中国企业 100 强榜单中排名第 70 位、人民日报发布的中国品牌发展指数 100 榜单中排名第 12 位。宝武钢铁集团的主要做法与经验如下。

一是加强产业链建设。宝武钢铁集团一直非常重视协同创新的作用，与企业兼并不同，宝武钢铁集团注重企业间的通力合作，通过产业链联合诸多企业的创新效能，发挥企业集聚优势。借助产业形成的企业联盟链条在技术合作和技术创新方面发挥了巨大效能，吸引了大批高校、科研院所和知名企业的加入，先后成立了钢结构建筑战略联盟等创新联盟，在相关领域做出了创新成就，提高了行业和企业的创新能力。

二是共建研究机构。向合作要动力、向集聚要创新，宝武钢铁集团致力于结合企业需求和研究院所的技术优势，打造联合科研攻关的协作模式，减少创新的时间成本和资源消耗。在产学研合作中，集团根据市场动态及时调整产品需求，并第一时间与研究院所建立联合技术攻关小组，根据需求设计技术方案、研发产品。此外，集团牵头出台技术合作规范，邀请管理单位实时监督，保障合作项目顺利进行。宝武钢铁集团近些年来通过共建实验室、工程中心等技术研发必需的基础设施，吸引了大批高校和科研院所广泛参与，在国家重点项目申报、科技成果转化方面取得了长足的进步，大大提升了宝钢的创新效率。

三是提早创新布局。全球创新形势风云变幻，只有提早介入创新大潮，才能把握技术前沿，在企业竞争中立于不败之地。为此，宝武钢铁集团较早就开始了在钢铁行业的创新布局，一方面高度重视产业发展方向，评估企业自身技术水平，寻找与前沿技术的差距；另一方面根据技术瓶颈在全球范围内寻找合作伙伴，不论是高校还是科研院所，甚或是小规模企业及小型研究团队，都是集团的潜在技术合作对象。通过对基本技术情况的摸排，精心选择战略合作伙伴，构建了带有集团特色的创新合作联盟。

四是激励社会创新。宝武钢铁集团作为我国钢铁行业的一线企业，自觉承担创新型国家建设使命，通过设立钢铁联合研究基金等方式，企业出资助推社会创新大势，在激励人才创新、鼓励交叉创新、奖励高端创新方面做出了表率，彰显了国企的担当与责任，进一步吸引了志同道合的青年创业者和创业团队的加入。

五是联合培养人才。集团对人才的培养不是从进入企业开始，而是从学生时代就开始接入培养流程。一方面集团与高校洽谈人才培养方案，对在校研究生实施企业导师参与制度，让学生较早联系生产实践；另一方面，集团还根据企业需求，选择部分研究课题交予研究生完成，不仅帮助学生完成了学术训练，还锻炼了创新意识和能力，为进入企业研究所打下坚实的基础。此外，集团还注重借鉴高校的学术创新成果，邀请上海交通大学等知名高校教师到企业任教，向企业传输最新的技术、管理等知识创新成果。

6. 高新技术产业发展中的产学研协同创新

20 世纪 90 年代开始，实创公司就开始从产学研协同创新入手，建设了国内第一个以电子信息产业为主导的综合性高科技产业园区。建园以来，实创公司为科技园区内企业提供从孵化到成型的整套企业运作方案，瞄准高新技术产业，深化园区服务意识，成功帮助一大批企业入驻并运营，创造了良好的社会效益和经济效益，为地方经济发展注入了创新活力，树立了高科技产业园区产学研合作的建设标杆。实创公司的主要做法与经验如下。

一是广泛链接创新资源。①寻找优秀的技术合作方，在产品硬件技术方面与国内外知名企业建立战略合作关系，如 HTC VIVE、荣耀公司等。②网罗虚拟现实行业的创新精英，瞄准创业公司、团队与精英，通过与第三方机构合作，形成了以高新技术为依托、以定期巡演为媒介、以风险投资为目标的服务链条。③注重构建创新交流氛围，园区为园内企业营造良好的研讨环境，通过举办学术沙龙、主题分享等线上线下结合的交流活动，与北京一大批高等院校在虚拟现实（VR）等领域开展了有效合作。

二是搭建产学研合作平台。①与高校合作，设立实验室、实践基地。实创公司提供硬件设备，高校提供虚拟现实应用技术支持，让创客零顾虑进入园区，放开束缚集中精力做研发创新。②与地方单位合作，实创集团举办了第一届圆明园 VR 创意大赛。目标是让文化走进千万家，让厚重的历史文化遗产和 VR 科技实现了首次结合，推动 VR 进入文创旅游服务业。③与荣耀公司合作，共建了 VR 实验室，让广大中学生们随时体验传统与现代完美结合的乐趣。目前，荣耀实创实验室已经在历史、文化、教育等方面实现了 VR 创意的层层升级，是现代教育在 VR 方面的一个优秀范例。

三是加强产学研联盟建设。产学研联盟是产学研合作的高级形式，实创公司与虚拟现实及可视化领域的高等院校、科研院所、创业组织和社会企业等联合组建产学研联盟，专门为该领域的从业人员和组织提供全方位服务。联盟的宗旨是推进虚拟现实及可视化领域的技术创新，使之实现产业化目标。联盟成立以来，在人才培养、资源共享、标准体系建立等方面展开了卓有成效的建设，大幅提高了我国在虚拟现实与可视化技术产业的市场话语权。

7. 构筑产学研用产业链条打造轧辊制造业行业标准

山东省四方技术开发有限公司是“十五”期间迅速成长起来的一支产学研相结合的高素质科研、开发和生产队伍。在耐磨、耐热金属新材料的研究方面形成了很强的研发能力和生产实力，经自行优化和应用所完成的科研成果，实现了科研成果产业化。四方公司自主研发的高铬合金矫直辊、高铬合金轧辊、导盘以及耐热钢、耐热铁配件等产品已经广泛用于国内无缝钢管、型钢机组、加热炉和24吋ERW高频直缝焊管、500毫米方矩管等大型机组，达到国际一流技术水平，而且工作时限也大大延长。四方公司在轧辊制造业的技术创新上取得了大踏步式发展，大幅提高了公司乃至中国在全球相关行业的话语权。四方公司的主要做法与经验如下。

一是成立院士定点工作站。四方公司高度重视与行业内顶级专家、学者开展合作，通过设立院士定点工作站，聘请了一大批来自高校、科研院所等单位的院士，形成企业的专家智囊团，在轧辊制造领域精益求精、不断探索，在专业领域取得了重大突破。以院士定点工作站为契机，四方公司还成立了工程技术研究中心等关联技术研发机构，成为了国内钢工模具技术创新的标杆。

二是与高校合作。四方公司努力扩大产学研合作范围，通过与高校缔结合作协议，成立技术交流创新平台，凭借高校在技术方面的优势，致力于将最新研究成果转化为产品，进一步满足市场需求并助推企业发展。其中，与北京科技大学的合作尤为关键，校企双方结合各自的技术和基础优势签订了产学研合作协议。一方面四方公司促进了高校在科技成果转化、技术转移方面效率的提升，还解决了毕业生实习、工作等问题；另一方面，北京科技大学依靠雄厚的知识资源为公司量身定制了发展规划和技术解决方案，帮助企业占领了创新制高点，扩大了企业在行业内的知名度。

三是与企业合作。四方公司注重与行业内创新领军企业的合作，通过协同技术攻关、共享理论研究等，促进企业间的交流和创新。在与上海宝钢焊管厂的合作中，参与企业充分发挥了各自的技术优势，在关键环节上取得重要进展，并将联合攻关、合作创新的方式保持了下来。

四是组建产业创新联盟。产业创新联盟的建立将四方公司的产学研合作推上了新的高度，联盟参与方来自高校、科研院所和研究机构以及行业领军企业等，发挥集聚技术创新的效能，在市场导向的指引下，协调参与方的关注点和利益点，形成了机制和体系优势，极大地促进了创新成果的成型。①集中优势技术攻关。联盟内集合了强大的智力资源，面对技术难题各方强强联合、协同攻关，利用各自优势迅速集中科技力量解决问题。②明晰权责利。联盟的一大特征是讲求明确的权利对等关系，让真实出力的成员单位享有应得的市场报酬，同时，在人才和技术共享方面，联盟也给出了详细的指导意见，用以协调各方关系。

8. 深化产学研协同创新促进生物技术科研成果转化

陕西佰美基因股份有限公司专注于精准医疗技术的开发应用，依靠与高校的产学研合作，集合社会力量和政府支持，建立了涵盖基础研究、技术创新、成果转化的全链条合作平台。公司通过产学研合作，承接了国家重大研究项目、申请了多项技术专利并荣获陕西省科学技术一等奖等，在精准医疗领域的学术论文、技术专著和成果转化等方面获得了巨大成功，引起了行业内的广泛关注。佰美基因公司的主要做法与经验如下。

一是人才培养和引进方面。公司瞄准行业需求和技术瓶颈，关注未来科技发展方向，加大对领军创新型技术人才的引进力度。通过内部培养和人才引进两种模式扩充人才团队；通过“走出去”和“引进来”的对外交流方式，提升现有人才团队的专业知识和学术能力；通过产学研互交式合作，建立起结构合理的研究开发队伍。借助西北大学招收博士、硕士研究生的有利条件，以参与具体研发项目、工程项目等方式，为公司人员提供更多的学习和提升专业水平的机会。此外，佰美基因公司申请引进外国智力项目，引进了包括英国皇家科学院迈克达特院士等多名外国专家。公司对引进人才实施“来得了、待得住、用得好、调得动”的人才管理模式。目前，佰美基因公司已经形成一支以海外留学人员为核心，人员结构及知识层次合理的高水平、高素质科研队伍。公司研发团队成员拥有知识互补性强、学科交叉合理、技术集成性强等特点，为公司在主要研究方向上实现前沿技术突破奠定了坚实的基础。

二是激发科研人员创新积极性方面。佰美基因公司建立了科研人员的双轨、双薪、绩效考核、科研成果转化等一系列创新机制，充分调动了科研人员创新研发的积极性，为公司的可持续发展奠定了基础。佰美基因公司在科技成果转化方面建立了一套行之有效的方案措施，通过精准识别能人，根据科技成果转化实际效果对组织和个人进行与工作相匹配的奖励。公司还大胆引入了股权激励模式，对创新骨干和团队实施股份分配的激励制度，让技术创新先进模范享有公司的股权收益，大幅提高了科研人员的创新能动性。

三是产学研合作开展方面。佰美基因公司依靠国微中心以精准医学项目的转化技术研究为主要任务，以功能基因组学分析技术、蛋白组免疫组学技术、生物信息学技术、规范化医学检验技术的具体方向为主要内容，与多所大学协作，分课题、有组织、有重点地开展精准医疗应用技术及产品的研究开发工作。围绕国家科研和战略需求，从药物基因组学的研究到检测技术的创新和个体化用药的应用集成，聚焦生物技术领域，围绕一个产业方向形成了集研究、开发、工程化转化为一体的链条式产学研创新模式。

四是国际交流合作方面。佰美基因公司将优秀人才送至美国梅奥诊所、耶鲁大学以及加拿大等地学习深造，并积极引进国外的科研人员到中心进行交流合作。这种双向交流的方式，一方面让公司的优秀人才具备了全球视野，另一方面又通过国外人才的技术输出提高了公司在创新方面的积极性。目前，在生物制药等领域内，公司已经同世界顶级企业站在同一创新高点上，产品创新更加面向国际市场，人才培养机制更加国际化，充分展现了公司作为全球性大公司的包容、创新精神，赢得了众多国际集团的合作青睐。

9. 科技创新引领产业发展，助推海洋装备强国战略实施

沪东中华造船有限公司是国有特大型企业，主营业务是建造军用及民用船舶等。目前，公司拥有国家级重点实验室等技术创新平台，是上海市认定的高新技术企业。公司在产学研方面一直坚持科技创新引领，近年来获得国家级、省部级科研奖励逾百项，树立了造船行业产学研合作的标杆。沪东中华公司的主要做法与经验如下。

一是建立研发机构。沪东中华公司的科技研发工作体系以公司的国家级企业技术中心为主要研发平台，现已形成以公司技术中心为核心、以其他部门专业技术人员为协同、以国内外研发合作单位的技术力量为支撑的科技创新模式。国家能源局以公司为依托单位设立了重点实验室，为公司的研发体系量身打造，紧密围绕建设创新型国家战略，开展 LNG 海上储运装备关键研发技术攻关。沪东中华公司还拥有国家级实验室、博士后工作站、博士工作室等技术研发平台。

二是人才队伍建设。沪东中华公司关注企业内各类科技人才队伍的建设，将科技人才队伍分门别类，按技术紧缺程度进行有针对性的培养、管理和使用，形成了一支掌握船舶行业先进技术的多层次科技人才队伍；重视发挥高层次人才的作用，确保科研工作的持续开展，让更多的科技人员参与到科研项目研究工作中，以科研项目的研究促进科技人员成长，加速科技人才培养，提高科技人才水平。

三是高层次合作。公司高度重视产学研合作，积极鼓励研发部门充分结合国内外创新资源开展广泛的产学研合作。国内的研发合作伙伴主要有知名高校和研究院所等；国外的研发合作伙伴主要来自法国大型公司和日本会社等。与 GE 公司、708 所、604 院、瓦锡兰公司等单位签订了战略合作协议，建立了协同创新合作机制；积极搭建自己的对外科技合作平台，利用国家重点实验室等研发资

质和平台，邀请了国内 10 余家知名大学及研究所共同开展 LNG 海上储运装备研发工作。

四是主要通过三种模式开展产学研合作。①通过具体的产学研合作项目进行合作，和相关研究所及大学共同申请国家部委及上海市科研项目等，以签订目标责任书的方式明确合作各方在具体项目上的责权利。②和国内知名高校、研究所缔结战略合作关系，通过该种方式充分发挥研究院所及大学在高端人才及高精尖实验装备方面的优势，为公司高新技术船舶产品的研发及建造工作保驾护航。③搭建自己的产学研合作平台。公司拥有国家级重点实验室等研发平台和健全的科技创新组织结构和运行机制。在重点实验室平台基础上，公司采用理事会管理的方式，邀请了国内 10 余家知名大学及研究所共同参与重点实验室建设，共同开展 LNG 海上储运装备研发工作。

10. 深度融合一二三产业，促进产业不断发展突破

泰兴市农产品加工园区是集信息、科研、生产、加工、物流于一体的市级园区，于 2008 年 3 月 6 日成立揭牌。这一园区的成立，是泰兴市委、市政府加快农业产业化进程、造福全市广大农民的一项重大举措，对于促进农业增效和农民增收产生了积极影响。泰兴市农产品加工园区定位于创建国家级农产品加工示范园区、省级特色农业产业化园区，依靠本地产业优势、沿着产学研合作道路逐步做大做强，在三产融合、助力乡村振兴方面表现突出。园区的主要做法与经验如下。

一是突出招商引资的带动作用。园区狠下功夫，通过广泛联系知名企业，在项目选择、技术门槛、政策支持上给予关注，以“服务地方、北上南下”为战略方针，切实遴选出一批优质企业入园。一方面提高了园区整体的创新实力；另一方面也增加了园区收益，为地方贡献了税收。更重要的是，高科技企业的入驻带动了地方整体创新实力的提升，为承接高精尖项目打下了坚实的基础。

二是强调科技人才的创新作用。园区对人才的重视程度非常

高，在建设技术研发中心以深化技术创新的同时，还建设了博士工作站，在产学研合作领域不断迈出坚实的步伐。在深度合作、高层引进上取得突破。科技人才的创新效益是显而易见的。多年来，园区在淡水产品研发、食药检验检测等方面都取得了巨大进步，此外，与高校和企业合作推进的银杏深加工项目、定量卤制技术等都获得了市场认可和消费者的好评。目前，园区与江苏省内省外高校广泛开展技术合作，通过形式多样的合作方案不断加大科技人才引进力度，大幅促进了江苏省产学研合作的有益开展。

三是扩大园区建设的支撑作用。科技创新需要有效的要素供给，除大力引进人才外，园区还着眼未来发展，不断加大基础设施建设力度。“种好梧桐树，引来金凤凰”，园区与地方政府紧密合作，通过路网并轨、绿地扩建等形式，大幅提高了园区的设施供给能力。此外，为解决科技人才的后顾之忧，园区还先后筹备建设了幼儿园、步行街、商业酒店等生活设施，突出园区的生活服务功能，提升了园区对企业和人才的吸引力。

四是坚持转型升级的引领作用。转型升级是园区持续发展的不竭动力，在多年的产学研协同合作中，园区一直强调创新的集聚作用，在要素集约发展上持续发力，取得了显著效果。园区内产业联系紧密，同时各自比较优势明显，既可以在产品方面进行创新合作，又可以通过创新集约优化成本、提高净收入。目前，园区已经实现了企业的规模效益和集聚效益，在技术创新、产业转型方面不断向高质量发展迈进，通过逐渐剔除污染型、低效能企业，园区集聚大批了生态、高质的优秀企业，为地方经济发展贡献了创新力量。

11. 不断开展产学研协同创新，促进产学研合作深度融合

广州南方测绘科技股份有限公司（以下简称南方测绘）开展产学研协同创新较早，距今已有逾 30 年的历程。南方测绘主营业务为地理测绘产品，不仅具备技术研发和产品设计能力，还具备生产和销售能力，是覆盖全产业链的集团模式。30 多年来，南方测绘

一直把自主创新作为企业发展的原动力，在测绘仪器的完全自有知识产权方面做得非常突出，打破了国外地理测绘信息产品的垄断，实现了产品完全国产化，不仅在我国电子测绘行业坐上了第一把交椅，而且在全球范围的竞争品中也占据性能优势。据相关机构专家介绍，南方测绘在全球的行业排名中处于第一梯队的位置，产品销售业绩不断上升，保持了稳健的市场增长率。目前，南方测绘继往开来，在产学研合作事业中越走越宽阔，成为我国地理信息行业的龙头企业。南方测绘的主要做法与经验如下。

一是注重全面深度一体化合作方式，形成可持续性发展的产学研推动机制。南方测绘扎实推进产学研合作，形成了以南方测绘教育实训研究院、南方学院为支撑的体系性工作模式，在产学研合作模式上不局限在成果交流、经贸合作、人才培养等单一合作方式，更注重全面的、深度的一体化合作方式。从学科建设到课程设计、从教育再训到平台共享、从设立奖学金到助力毕业生实习应聘等全方位深度合作，建立产学研深度合作标准方案。其余合作模式根据该标准进行简化，如有创新性的新合作方式，根据资源情况，整合入标准方案内，形成一种可持续性发展的产学研推动机制。目前，已经与测绘地理信息行业内近 500 所中、高职院校、本科院校开展产教融合，与中科研遥感所、电子五所、导航时频中心、国家工信部软促中心、省计量院等单位开展了不同领域的产研合作，成立南方测绘教育实训研究院、南方学院专门对接产学研合作的机构，各事业部匹配近百人的研发、技术支持人员进行相关方案的建立与实施，全国 110 家省、市级分公司全面配合各地的推广与合作落地。

二是促进产学研深度融合，打造虚实一体的创新型个性化学习环境。以实训中心为载体，以一体化（管理、教学、评价、教研）信息平台为支撑，以学科为主线，以课程中心、实验中心、活动中心为重点，形成虚实一体的学科特色创新型、个性化的学习环境，促进产学研深度融合。先后成立了轨道交通实训中心、虚拟现实实训中心、无人机实训中心、三维激光实训中心、传统测量设备实训中心、室内导航定位实训中心。现有新技术和发展课程 25 类，

2017年聘请测绘类本科青年教师讲课比赛16名特等奖获得者为外聘特邀讲师。

三是产学研工作组织架构上，形成了以集团总经理室为领导、南方测绘教育实训研究院为主要资源整合、各事业部为技术支撑、分公司为推广与落地实施单位的组织管理方式。将产学研合作向系统解决方案的方式转变，将产学研合作向专业化、高效化转变，极大地提升了企业对各类型产学研合作的响应速度，为企业转型发展创造了巨大价值，为行业和相关企业创新驱动提供了南方测绘方案。

12. 依托创新联盟突破产业瓶颈

上海电气风电集团以新能源开发利用为主要经营方向，是国家清洁能源骨干企业、中国最大的海上风电整机商，注册资本为人民币34.85亿。集团成立之初就坚持以创新引领新能源发展为目标，并通过公司的踏实实践，依托整机制造、立足全产业链服务、瞄准国际市场，在产学研合作道路上走出了自己的风格。目前，集团已将产品业务成功覆盖到风机制造、运维服务、风场投资开发等方面。目前风机产品实现1.25兆瓦～8兆瓦风电机组全覆盖，以智能化、数字化技术打造先进的智能化运维体系，从而为客户提供快捷周到的运维服务。上海电气风电集团的主要做法与经验如下。

一是建设产学研创新联盟。公司在产学研合作方面对资金和精力的投入是不遗余力的，在合作的签约项目额度达到千万级别。风电公司的产学研合作对象包括上海知名高校和科研院所以及行业内的公司等，以此为基础，主导推进了产业创新联盟的建设。目前，联盟打通了风电产业链，涵盖了基础研究、技术研发、科技创新和成果转化的完整创新板块，在资源共享、知识产权保护、协同技术攻关、专项技术创新等方面展开了广泛合作，将创新人才团队建设与国际接轨，培养了大批行业内的创新后备军。此外，联盟还积极推动我国风电产业的标准化体系建设，用高标准、严规范倒逼联盟成员单位不断进行创新活动，大幅提升了风电企业的产品质量和国际话语权，建立了风电行业的中国标准。

二是加强自主创新能力建设。风电公司的产学研合作目标明确，旨在提高企业在风电领域的自主创新能力。从基础研究开始，公司就开始注入自主创新的意识，到后期的产品线设计、产品市场化等阶段更是如此。风电公司在国际同行中起步较晚，初始成立时技术条件薄弱，为实现技术的跨越发展、提早具备自主创新能力，风电公司分步骤、有阶段地推进了自主创新研究。①引进国外先进技术。与简单的引用技术再生产产品不同，公司注重对国外技术的探索，并通过二次开发进行本土化，达到学习技术的目的，为后续创新做准备。②联合开发。与国外技术公司合作制造出新型机组，在品质上达到国内领先水平。③掌握核心技术。通过购买国外先进核心技术的底层机器语言架构，彻底消化为自主研发创新研发的技术基础。公司的三步走战略从根本上解决了自主创新难题，并经过再次技术创新形成了国外无法比拟的技术优势，连续推出自主研发产品，如大型风力发电机组等。

三是引进高层次人才。风电公司坚持人才优先战略，保持了良好的创新发展势头。在人才建设方面，公司一方面注重从外部引入高层次人才，如高校和科研院所的博士、教授团队等，直接扩充高端人才库；另一方面，公司还注重内部人才的发掘和培养，通过设立人才创新晋升通道等途径，激发员工的创新热情。目前，公司在电气化、机械制造等领域持续引入创新元素，在基础理论、系统研发和课程培训等诸多方面都有了长足进步，并且取得了喜人的结果。此外，公司还通过承担国家重大研发项目或企业横向课题，锻炼人才的实际操作能力并培养创新人才后备军。通过研发中心的建设扩大了产学研合作范围，进一步推进了科技成果迅速转化，使公司在创新道路上越走越稳、远走越宽。

13. 探索产学研协同创新中民企军民融合之路

大连金玛硼业科技集团有限公司是亚洲一流硼化工产品及陶瓷材料制造商，也是我国硼化的标杆企业。公司打造了涉及原材料、初加工、深加工、复合材料等硼产业的完整链条，自主生产了多个国家级创新产品。公司在产学研合作方面不遗余力地倡导创新人才的引领作用，建立了院士工作站和博士后流动站。公司拥有碳化硼领域“金钢钻”和“峰嵘”两枚驰名商标。作为国内唯一供应商，为国际最先进的第四代核反应堆提供了优质的核用碳化硼材料，并把碳化硼防弹材料应用在人体单兵防护和飞机、装甲、舰船、车辆防弹上，使我国碳化硼防弹材料达到世界先进水平，获得多个国内产学研合作领域重要奖项。金玛硼业科技集团有限公司的主要做法与经验如下。

一是汇聚国内外重要创新资源，为做大做强我国硼产业赢得主动。凭借在碳化硼产业的技术优势，公司确立了“开发资源、借助外力、走出国门、振兴硼业”的创新发展思路，通过与土耳其 ETI 公司多次洽谈和实地考察论证，展开了国际业务合作。此项合作正在落地实施，双方合作将在助推国家“一带一路”倡议的实施拓展、为振兴我国硼战略资源产业创造条件、为建立国际联盟奠定重要基础等方面产生多方综合效益，借势利用国际重要资源，为做大做强我国硼产业赢得主动。

二是承担国家重大项目，推进硼产业先进技术研发和突破。2015 年，承担了工信部强基工程核用高纯硼酸项目，该项目是金玛硼业与大连理工大学共同合作研发的，打破了国内核用硼酸依赖进口的局面。2016 年，公司承担了国家发展和改革委员会军民融合工程国防军工、核用装备碳化硼制品产业化项目，建设了一套最先进的自动化、智能化碳化硼制品加工制造生产装置。2017 年对已经建设的国家重点投资项目给予专项资金扶持，提高设备智能化、自动化，用优质产品打造企业竞争新优势。

三是坚持产学研合作创新发展思路，打造振兴国家硼产业战略重要基地。通过长期与国内顶级学府和科研院所的战略合作，迅速提升了企业的创新动能，为打造技术创新研发企业、科技成果转化一体化企业奠定了坚实基础。通过开展创新发展的新模式，企业与大专院校合作，邀请相关专家教授到企业进行专业培训指导，并选送一批有学识的年轻人到相关院校和科研院所培训、学习。经过培训和学习，企业在科技创新、科技驱动、科技发展以及科技管理方面取得了显著的成效，在研发能力和企业经营业绩方面都呈现出逐年提升的趋势。

14. 产学研创新汇聚知识，促进科技服务业发展

浙大网新集团是依托浙江大学产学研平台建立的高科技咨询服务集团，集团控股 3 家上市企业。集团立足高科技服务业，为行业内企业提供管理咨询、战略规划等技术服务。在企业管理专业知识方面，网新集团与浙江大学签订了战略合作协议，每年有 2 500 万元的项目资金用于双方的产学研合作。网新集团作为一个创新型高科技咨询服务公司，创新产学研合作方式，建立了行业内独具风格的商业模式，是科技服务业产学研合作的标杆。从网新集团的合作实践来看，人才合作培养、创新管理合作和共建技术创新平台是集团成功的关键选项。网新集团的主要做法与经验如下。

一是人才合作培养。网新集团重视对高端人才的建设，从课堂抓起，又注重实践操作能力的培育，为企业输送了大量高质量人才。在金融与软件复合型人才培养方面，非常注重学生的专业水平和国际视野的开发，不仅与浙江大学软件学院开展了合作，而且与国外专业领域的知名企业建立了富有成效的合作机制。在培养方案的设计上，考虑到金融专业和软件专业的交叉性，建立了以课程培养为基础、以编程实践为依托、以自主创新为目标的整套学习框架。同时，公司秉承优先录用的原则，保障学生参加完联合培养方案后可以在同等条件下优先进入网新集团。公司还承担了学生的培养经费、具有吸引力的实习报酬等。总体来看，网新集团的人才培养方案获得了巨大成功，这套方案还扩展到公司咨询管理人才的培养实践中，为学生创造了良好的专业学习机会和强大的实践支撑。

二是创新管理合作。在高科技咨询服务业保持持续强大的市场竞争力是非常困难的，网新集团在产学研合作中特别重视前沿战略研究的创新引领作用。鉴于此，集团主动找到浙江大学在创新管理

合作方面开展了协同研究：一方面帮助集团把握技术前沿方向，为集团发展做出科学规划；另一方面协助集团提前布局国家重大科技战略研究，在科技咨询服务业拔得头筹。浙江大学充分发挥了知识和智力集聚优势，派出教授领衔的研究团队，从提高企业知识管理水平入手，不断拓展创新管理的研究范畴，形成了以员工、客户、技术、信息和评估为媒介的企业战略管理研究范式。这类创新管理合作项目通常合作时间较长，对企业创新商业模式具有极其重要的引领作用。

三是共建技术创新实体。网新集团产学研合作另一个突出的特点是创建了合作实体——嵌入式软件科研中心等，这些中心是由集团和浙江大学共同开发建设的。在此基础上，集团邀请了大批国内、省内顶级专家共同开展合作研究，不仅吸引了教授专家团队的参与，还通过与其他科研院所的横向合作建立了创新联盟。目前，技术创新实体发展势头良好，切实解决了困扰企业运行的难点、痛点问题，在嵌入式研究、轨道交通工程运行控制研究等方面都获得了重大突破，在助力浙江省相关产业转型升级和企业创新发展方面做出了突出贡献。浙江大学的专家教授团队不辱使命，集合国内外先进的技术经验，利用学科创新集聚优势，对技术进行了吸收再造，形成了拥有高度自主知识产权的科技成果。

15. 资源依赖：产学研结合的动力

武汉华中数控股份有限公司成立于 20 世纪 90 年代，在产学研合作领域开展工作较早。作为首批国家级创新企业，华中数控不辱使命，获得国家级和省部科技进步奖 10 项，拥有高度的自主知识产权。公司的数控产品涉及领域多、覆盖范围广、品种系列全，是我国数控产业内的标志性企业。在产学研方面，华中数控一方面通过参与国家重大专项课题，提高技术创新水平；另一方面加紧技术成果的应用，与国内多家企业合作，配套建设了多个国际一流的数控机床。华中数控的主要做法与经验如下。

一是创新组织协调机制。华中数控依托华中理工大学的知识技术优势，着重从调整合作机制入手，减弱校企双方的合作目标异质性，共同在人才培养、技术创新和科技成果转化方面统一认识、深入合作。一方面双方建立了长期稳定的协调机制，通过定期展开高端合作会谈解决双方在合作过程中遇到的权责利问题，将机制问题消弭于无形；另一方面，为充分发挥高校在知识创新方面的巨大效能，双方筹建成立了研究中心，为高校的基础研究提供完备的基础设施和经费支撑。同时，华中理工大学的研究团队协助公司开发产品，在产品中试、售后服务等方面提供技术支持，并通过创新网络帮助公司进行市场推广。此外，双方还构建了统一管理机制，保障企业管理层和研究中心负责人顺畅对接，高校科研人员和研究中心技术人才能够同等转变身份，工资薪酬、职称晋升、成果奖励等不受单位归属的约束。创新的组织协调机制一方面促进了科技成果转化的速率和效率，另一方面保证了高校项目的顺利实施和高层次人才的产出。

二是建立企业合作联盟。华中数控与国内大型机床企业合作，将科技成果迅速应用到生产线，通过高效转化创新成果为企业创造了巨大的市场效益，树立了良好的企业口碑。华中数控扩大了企业合作单位范围，建立了企业合作联盟，联盟单位涉及东北、鲁南、北京等诸多区域。公司在中高级数控技术上的优势尤为明显，不仅可以提供前沿技术，还能协助企业迅速实现产品下线并推向市场，为企业占领创新高地提供了巨大支持，提升了行业整体的技术创新水平。

二、以高校为主导的产学研协同创新

1.“海扶”扶出医疗蓝海新篇章

1978年以来，重庆医科大学以打造产学研一体化作为创新路径的支撑理念，长久的坚持，终于使“海扶”在全球超声无创治疗领域达到了领先水平。“海扶”超声无创治疗（HIFU）在基础科学范畴取得了重大突破，更在应用科学范畴取得了举世瞩目的成就。重庆医科大学组建、成立研究中心，由此，我国在超声无创治疗行业中的产业链形成完整闭环，这意味着我国自主研发的医疗器械将相继面世。目前，“海扶”产品已经走向世界，2006年左右，“海扶”产品获得了一系列的行业资格认证（英国MDA、欧盟CE、韩国KFDA等），表明重庆医科大学在超声治疗设备方面具备卓越的创新能力，跨出了产学研合作国际化的关键一步。随着重庆医科大学在超声治疗方面的布局，系列化超声治疗设备和产业化平台逐步发挥技术优势，并取得了巨大的社会效益和经济效益。目前，已在国内200余家医院安全、成功治疗患者超过10 000例；新型过敏性鼻炎超声治疗设备已经投产，且尚有待转化科研成果10余项；乡村试点普查人数逾10万、成功治疗人数逾2万。此外，在学术成果影响力方面，重庆医科大学在2005年于Nature Reviews Cancer杂志发表文章，介绍关于HIFU的关键成果，引起专业领域内的高度重视和热烈反响；引用重庆医科大学超声治疗成果的文献占到一半以上。重庆医科大学的主要做法与经验如下。

一是医工结合的科研模式。一线的设备应用人员和HIFU技术研发人员紧密联系、协同配合。首先，一线设备应用人员将超声治疗设备的使用状况反馈给HIFU技术研发人员；其次，HIFU技术研发人员依据理论和临床实践创新设备以满足一线应用；再次，采纳电子、材料等专业的优质、适宜的科研成果，完善科研开发队伍；最后，致力于产学研用的立体化、整体化，做到相互交融、联合提升，打造完整的产业链，形成完备、优秀、创新的开发梯队。这种联合攻关、共享成果的方式已经成为“海扶”公司的工作范式，即：坚持问题导向，以解决临床问题为目标，以重庆医科大学为研究支撑，以“海扶”公司为产品平台，按各自分工分阶段完成“发现问题—研究问题—解决问题”的逻辑闭环。

二是建立与“海扶”公司相适应的人才培养方式。目前，重庆医科大学已经完善了对本科生和硕士研究生在超声治疗方面的专业课程体系，并加强了对高层次人才的培养，博士学科点、博士后流动工作站等相继建立，大幅增强了专业领域的科研创新能力。此外，重庆医科大学通过人才引进等计划，逐步吸引了超声治疗、生物医学、高新材料等领域的大批青年才俊和学术带头人，形成了“老中青”结合、医工相融的创新队伍，不仅形成了聚集效应、触发了创新机制，还为进一步推动超声聚焦治疗学科的发展注入了新的活力。

三是高校尽量减少对“海扶”的干预。重庆医科大学作为“海扶”公司的参股方，并不倾向于将学校意志强加于公司运作，而是选择为其提供创新理论和决策咨询，更多的是弥补公司在不同领域的短板，使其健康、持续发展。比如，在知识产权管理方面，学校通过学术领域的资源帮助公司聘请资深专家对其进行专业指导；在国际认证方面，通过技术指导和国际对标，提供智力支持；在公司发展方面，发挥基础技术优势，促成其与西门子公司的战略合作；在扩大影响力方面，学校与公司共同争取超声医疗国家工程研究中心落户等。

四是让市场“这只看不见的手”发挥作用。首先是面向长期效益，规范产学研行为；其次是激发创新要素的活力，以市场机制调节科研机构的利益分配；最后是提高科技资源的配置效率，不断增强企业的持续创新能力。

2. 营造平台集众智协同创新结硕果

近年来，北京高校产学研合作取得了不小的成就，其中北京工业大学走在了前列，主要体现在：第一，促进循环经济研究成果与地方及产业的联手。界首市田营循环经济产业园区与北京工业大学签署《产学研基地建设合作协议》，开展蓄电池的再回收利用、研发各种液流电池，以此为平台，成立了博士后工作站、院士工作站等，并争创国家级技术中心。第二，通过推动日光温室高效、高产太阳能热利用相关技术的产业化推广，解决了京津冀地区普通温室大棚普遍存在低温高湿、产量低、蓄热与保温效果差等问题，提高了该地区农产品种植效益，产生了良好的社会和经济效益。北京工业大学的主要做法与经验如下。

一是利用各种网络平台促进产学研合作。自主建设北京工业大学研发试验服务基地网络平台，充分利用首都科技条件平台网站、中国科技资源共享网、中国工业强基信息网、江苏省产学研合作信息服务平台等网络平台。

二是与大型企业、政府科技部门、科技园区和科技成果转化促进机构等达成合作协议。政府方面：与中关村科技园区管理委员会、山东省泰安市人民政府等政府科技部门签署了战略合作协议。企业方面：与中车株洲电力机车有限公司、北京金隅股份有限公司、北京住总集团有限责任公司等大型企业相继签署了产学研合作协议。科技园区和科技成果转化促进机构方面：与河北隆基泰和实业有限公司签署协议共建科研成果转化服务基地、与界首市田营循环经济产业园管理委员会签署协议，建立了再生铅及蓄电池循环利用技术研究中心。

三是创新体制机制促进科技成果转化。首先，放开转化权利的让渡管制，形成了灵活多样的科技成果转化形式。其次，设定合理的奖励办法，激发原始创新、促进成果转化。①科技成果由他人转化的，转化收入的10%作为学二级学院科技发展基金支付给项目组所在学院，用于统筹学科建设和科研基地建设工作；收入的10%作为学校科技发展基金，用于学校科技奖励、科技平台建设和重大项目科研工作；剩余80%的收入归项目课题及其成员所有。②科研成果按股份转化的，根据成果产生的不同情况，确定35%～50%的股权作为奖励归项目组个人所有，其余作为学校的股权纳入学校国有资产管理公司。学校国有资产管理公司由此股权获得的收益分红再提取1/2作为科研经费奖励技术和管理人员，1/4奖励给项目组所在学院，其余1/4作为北京工业大学科技发展基金。③项目组按照每个教师对科技成果贡献的大小分配奖金，项目组奖金分配的最终方案应报学院及科学技术发展院备案。

3. 当好改革开放“排头兵”，走好科技创新“先手棋”

中国国际大学创新创业战略联盟（International Universities Innovation Alliance，以下简称IUIA大学联盟）在2015年分别与

美国圣何塞州立大学和山东大学建立合作关系，集合中美两所大学的科研实力、人才供给、大学周边创新创业资源等，同时充分利用两地政府为孵化加速器建设所提供的资金、政策等方面的支持，在山东大学青岛校区以及美国硅谷圣何塞州立大学校区设立了 IUIA 大学联盟的第一个国际双向孵化加速器示范基地。IUIA 大学联盟与昆明理工大学也已签署合作协议，借助云南省的地理优势以及昆明理工大学在矿产与铁路运输方面的专业技术优势开展科研合作；同时，IUIA 大学联盟计划同德国科研机构合作共同打造新一代运输技术研发的孵化加速中心。IUIA 大学联盟的主要做法与经验如下。

一是国际一流的创业导师辅导团队与管理团队。IUIA 大学联盟成立伊始就将目标锁定在国内外一流高校的人才，并依靠结成的社会网络广泛吸引创新团队的加盟，尤其是行业内优秀的技术人才、国内紧缺的管理人才以及具备深厚经验的高级市场分析师等；此外，政府管理人员、商业精英和学术大咖引领的技术顾问团队也是 IUIA 的重点关注对象。IUIA 大学联盟的目标是，打造能够本土化的、具备实战经验、技术创新与学术研究相结合的师资队伍。

二是充分的资金保障。IUIA 大学联盟创新孵化加速器已得到国内多个地方政府提供的创新创业引导基金与科研支持资金的支持，目前政府支持资金的总体规模为 15 亿元；同时，在成果转化过程中特别注重社会资金的参与，初步计划以私募股权投资基金形式募集社会资金。IUIA 大学联盟的融资渠道包括国内和国外两类，前者主要为天使投资、创投和私募等形式；后者主要依靠联盟中国际顶尖大学的社会资源，目标是吸纳专业投资机构的投资。

三是项目来源全球化并以企业需求为导向。在全球化的背景下，IUIA 大学联盟将以国内外高校创新资源为基础，把世界各地的创业者连接到联盟国际双向孵化加速体系的平台上，破除区域思维、区域壁垒和区域隔离，集聚生产方、需求方和各类禀赋要素形成发展合力，结合我国的供给侧结构性改革，关键解决全球发展背景下低、中、高端科技项目的转型升级问题，对接与之匹配的资源市场。

四是加强政府合作。青岛市政府为IUIA大学联盟与山东大学共同筹建的创新园提供支持，主要包括：①建设用地，划拨两千亩*建设用地解决创新园的场地需求；②资金支持，出资10亿元解决进驻企业的创业资金需求；③连续5年提供公益基金（预计每年约5 000万元），用于支持美方科研和管理人员来青岛工作的差旅、津贴、设备、材料等费用；④政策扶持，制订帮助创新企业发展的税收以及行政相关领域的扶持政策。

五是政、产、学、研、金联合发力。IUIA大学联盟致力于打造全球创新创业平台，整合顶级学府雄厚的师资团队、科研机构领先的技术研发能力和一流企业丰富的实践案例，完成学、研、产的内在统一。IUIA大学联盟将以孵化加速器为载体，强调与地方政府合作、运用地方优势资源，充分发挥政产学研结合机制，同时与金融机构零距离对接，成为中外双向创新孵化加速系统的内在动力。

六是深化国际合作。IUIA大学联盟于2015年8月在美国硅谷与圣何塞州立大学合作，共同设立了硅谷全球创新孵化中心，负责进行高新科技的前期孵化，并将较成熟且适应中国市场的技术与项目引入中国加速器。圣何塞市政府承诺协调硅谷优质的科技、金融、人才资源，为IUIA大学联盟孵化加速系统的发展不断贡献优质的创业项目与创投资金支持，同时在行政审批环节也会组织专门人员有针对性地提供快捷便利的服务。圣何塞州立大学为IUIA大学联盟孵化器提供了巨大帮助，主要包括：①场地支持，校区内提供400平方米的办公场所；②资源共享，圣何塞州立大学提供科研和技术设备；③智力支撑，把控孵化器的研究态势，并支持研发人员入驻中国加速器；④课程培训，将硅谷创业培训课程引入中国创新创业人才培训体系。

* 亩为非法定计量单位，15亩＝1公顷＝10 000平方米。

4. 产学研合作建设重要制造基地

2009 年 6 月，南通大学与沙家浜镇合作，以沙家浜镇玻璃模具协会为主体，与上海市多所知名高校共同组建了产学研战略合作联盟。该联盟是地方产学研合作的又一经典案例，提高了创新主体的积极性，尤其是形成了规模示范效应，带动了地方玻璃模具产业向高质、高效发展，为地方产业发展注入了新的活力。目前来看，沙家浜镇以玻璃模具特色产业为市场切入点，在玻璃模具研发、制造、人才培养方面具备强大的市场竞争力，已经成为我国乃至全球玻璃模具制造的创新高点。南通大学的主要做法与经验如下。

一是设立特色学科。南通大学以服务地方经济发展着手，建立了地方迫切需要、人才相对缺乏的学科专业，在海洋、船舶以及交通等专业进行布局，并通过设置前沿热门专业，如生物医学工程、非织造材料与工程等，形成了具备地方特色、服务社会经济的院系系统。目前，南通大学设置的本科专业数量已经超过 80 个，为地方培养了大量紧缺专业人才。

二是建设创新平台。南通大学围绕设立二级学院和优势学科，逐步打造了多个省市级技术研究中心。此外，学校还不断加强对研究机构的投入力度，在装备制造、智能交通、新材料、生物技术等方面相继投入近 4 000 万元，形成了互为补充、全面发展、系统完备的研究机构集群，不仅为创新提供了智力和基础支撑，还通过人才输出、知识外溢等服务地方产业结构调整。

三是构建服务地方办公室。学校创新离不开地方的支持，因此服务地方是产学研合作的重中之重。为与地方更好地协调，学校成立了服务地方的专门办公室。①建设南通大学技术转移中心，在成果转化方面摸索出具备特色的南通方式；②建设技术转移创新服务平台，推进并确保产学研合作落到实处。

四是建立人才互动机制。①学校人才“走出去”，让科技人员到基层、生产线了解实际情况，掌握市场需求和技术动态，切实解决企业问题、服务地方发展。②社会人才“引进来”，吸引高层次人才到南通大学交流、讲学，并聘请企业人才到校开展创新创业专业的讲座。通过双向的交流互动，将学术研究与社会需求紧密联系起来，保障学生学有所需、学有所用。

五是校地企共建研究院。产学研政各方具备不同的比较优势，关键是要发挥各自优势、形成合力、共谋发展。沙家浜镇有发展的需求、常熟市建华模具有限责任公司有壮大市场的需求、南通大学则有人才培养、学术研究和学生就业的需求，为此，三方弥合各自需求，协议共同成立了玻璃模具工程研究院。常熟建华模具出资、出基础设施，南通大学提供智力支持，以股份制方式形成了双方的权利机制。①明确职责，南通大学主要为常熟市玻璃模具提供技术支撑。②定期举办学术交流会，在创新合作和人才交流方面为地方和企业发展提供平台。③院长负责制，院长直接聘任、管理、解聘工作人员。④明晰奖励标准，研究院实行收益与绩效挂钩的奖励制度，通过年度科技创新成果绩效考核，评定工作人员的技术职称及岗位工资。

5. 创新产学研合作模式，助力区域经济发展提速

福州大学始终以“坚持创新驱动，服务福建发展”为重要任务，着力推进科技成果转化。“十二五”期间，福州大学与企事业单位签订横向合作项目 1 336 项，合作经费达 3.59 亿元，到校经费近 3.2 亿元，为福建区域经济的科学发展做出了应有的贡献。2003 年福州大学成立校企合作委员会，目前成员企业 278 家；2009 年获批建设“国家技术转移示范机构”；2014 年获批建设“国家大学科技园”，成立福州大学科技与产业发展中心。福州大学通过不断完善机制，构建了成果转化、技术孵化、产品市场化融合的技术成果转化服务机制。随着技术转移工作的不断良性推进，福州大学先后获得科技部、教育部等部门的多项奖励。福州大学的主要做法与经验如下。

一是协同创新。“十二五”以来，与政府、企事业单位共建校企产学研联合研发中心 50 多个，包括与福州市企业共建 17 家专家

工作站、25 个产学研联合研发中心等。同时，积极参与建设国家级及省级重点实验室、工程研究中心等，涉及高新材料、信息技术、海洋工程等多个方面。

二是创新合作模式，共建国家大学科技园。采用 BOTS 模式，利用企业资源共同建设国家大学科技园。企业出资捐建国家大学科技园孵化器大楼，并获得一定年限的无偿使用权和优先使用权；福州大学加强与企业的合作，通过提供技术和人才支持、科技资源共享等措施，帮助地方企业创新发展。目前与中铁集团西北科学研究院、福建中海创集团、香港思嘉集团等 11 家企业签订了共建协议，在园区内建立了校企联合研发中心与企业研发总部，数字福建产业科技大楼、信息网络技术孵化楼、超算中心二期也正在建设中，并将成为福建省云计算、大数据服务、网络安全支撑平台。

三是推进校地合作。早在 2003 年，福州大学就开始部署地方与学校的合作计划。目前，已经与本省 9 个二级市达成了合作协议，加强了福州大学服务地方的能力，并提升了学校的社会影响力。2012 年，福州大学提出服务基层，推进“校、区（县）合作工程”，先后与 22 个县、区建立了校区合作关系。

四是校、政、企联盟工程。2007 年以来，福州大学致力于服务福建产业集群，通过福建省地方政府的协作，与 20 多个相关行业主管部门、企业集团等建立战略合作联盟并建立了战略合作关系。

五是产业联合工程。①加入国家和省级产业联合会、高科技产业发展促进会及技术市场协会等，提高产学研合作领域的知名度和领导力。②加强横向合作，通过加入产业联合会，广泛参与其他高校、各地企业和科研院所的项目对接和合作，拓宽学校的学术研究范畴，并服务社会科技研究事业的发展。

6. 以国际化战略推动产学研合作

新加坡国立大学（NUS）坚持国际化战略，在该理念的引领下，在创新创业领域取得了长足的进步。在当前全球创新潮流主导的背景下，大学如何完成角色转变和路径突破，是构建创业创新型大学的难题。NUS通过产学研合作完成了华丽转型，已经跻身世界一流大学行列，在QS发布的年度世界大学排名中，NUS是2014年度亚洲排名首位的高校。NUS的产学研合作特别注重培养全球视野，同时，也将国际化深刻注入了转型过程，成为了其精神内涵的一部分。可以说，国际视野与创新合作是NUS发展的“两翼”：一方面，国际化拓宽了产学研合作的格局，使NUS快速占领了全球创新的制高点；另一方面，产学研合作成为NUS走向国际赖以支撑的基础。NUS主要做法与经验如下。

一是解决实际问题。创业型大学的转型关键是要找准社会经济中切实存在的问题，以此为切入口，形成问题导向的创新思维，同时，要钻研技术、面对市场、构建产业，将学术研究成果产品化、市场化，最终满足社会需求、服务经济建设并创造市场价值。NUS在学术研究上狠下功夫，加强自身基础研究能力，以发展研究中心为结合点，通过与高校、企业和研究机构展开横向合作，增强研究的软实力和创新视域。NUS整合下属若干二级学院的力量，成立了亚太物流研究所，目标是与国际大型物流公司展开合作，切实解决物流中调配、运送、信息联通等方面的问题，已与联合包裹服务公司（UPS）等国际企业建立了良好的互动关系。同时，在供应链建设领域，NUS也展开了深入的产学研合作，与戴尔等国际一流企业形成了战略协议。亚太物流研究所不只是解决实际问题，还非常注重学术交流，通过举办大型产业和学术论坛，定期邀请物流领域的“大牛”和行业龙头企业管理者参会并充分交流前沿动态和问题，为研究所提供实践支持，形成研究所的研究框架，以指导未来研究方向。不止于此，论坛还具备“路演”功能，科研人员能够充分借助该平台向企业展示最新科研成果，这种创业大赛形式的报告为科研成果的商业化提供了极大的方便。

二是联合培养。NUS的产学研合作全球视野还体现在创新人才建设方面，该校大部分研究生具备国外访学经历，甚至有一部分本科生也是国际名校的交换生。对接一流大学、跟随一流大师、创造一流专业、培养一流人才在潜移默化中已经成为 NUS 转型成功的不二法门。如与麻省理工学院（MIT）在高新材料、生物工程、高端制造等领域合作，与慕尼黑工业大学（TUM）在化工领域合作，与剑桥大学在企业管理和信息系统方面合作等。总体来看，NUS 通过联合培养、硕士进修、本科交换等项目，极大丰富了学生的研究范围并拓宽了其国际化视野，有利于培养学生形成专业交叉、国际领先的创新能力，为新加坡创新创业活力不断添砖加瓦。可想而知，在多元知识的碰撞、交融中，NUS 不仅帮助学生建立了学习能力、交际能力，更为学生走向国际提供了优厚的平台基础，为其储备了优秀的社会资源，是学生创业道路上至关重要的成功要素。同时，NUS 在合作培养中还特别重视与国际顶级企业的互动，在课程设计方面也彰显国际特色，通过多种多样的非学位创业教育项目丰富学生的创业实践，帮助学生形成创新意识、增强学生的创业素养。

三是注重实践。“读万卷书，行万里路”，NUS 除在课程、课堂上培养学生的创新创业能力外，还坚持每年选拔一定数量的优秀学子参加一年一度的实习，实习单位主要面向高科技初创公司，目的在于磨练学生的创业实战能力。为进一步提高学生的国际化视野，NUS 有选择地将国际五大创业中心作为学生实习区域，要求学生在实习间歇研修当地合作大学的创业课程，课程内容丰富多样，涉及管理、开发、技术等多个维度。

7. 创新产学研合作模式助推科技成果加速转化

华南理工大学创新产学研合作模式科技成果转化效果明显，近年来，2 000 多项各类纵向科研项目在学校落地，获省部级以上科技奖励数量、国家级及省部级一等奖数量均居全国高校前列，通过各种渠道间接或直接转化成果近 10 000 个；据统计显示，到 2016 年年底，学校共计拥有有效发明专利 3 723 件。其中，柔性 AMOLED 显示技术获国家自然科学二等奖、工业机器人关键技术研发及应用带动相关智能制造产业产值 10 亿元，手写人机交互技术及应用获广东省科技进步一等奖等。华南理工大学的主要做法与经验如下。

一是促进成果转化。华南理工大学重视科技成果转化中的知识产权保护，为此专门形成了相关制度文件，加强顶层设计，协调校内各部门职能，成立科技成果转化办公室，全面推动落实科技成果转化的激励制度，完成支撑条件建设，减少科技成果的转化流程和手续，形成科学创新和成果转化协同发展的创新管理体制机制；设立科技成果转化与创新创业试验区，聚集资金、政策等资源；允许并鼓励科技人员全职或者兼职开展创新创业工作；将大部分收益奖励给成果完成人及其团队。

二是构建专利技术蓄水池，推动专利技术转让实施。注重知识产权工作，通过大幅提高知识产权实施转化激励力度、完善专利技术转让实施机制，激发科研人员开展知识产权转化的主动性和积极性，促进优质的专利成果通过灵活多样的形式成功转化实施。

三是打造科技成果转化试验区，创新产学研体制机制，构建地方创新驱动发展内在动力。根据区域产业发展需要，结合地方产业方向，汇聚校地资源，先后布局建设5个新型研发机构，打造成为学校促进科技成果转化政策的先行区和实践的试验区，通过提供资金、场地、专业化服务等支持，有效承接学校的科技成果。

四是紧密围绕市场需求，强调产品化应用，加快科技成果转化实施。华南理工大学的做法是引导学校技术人才带着成果走出校门、走进企业，通过接触生产前沿，将科研成果与产品线直接挂钩，促进学校科技成果在企业直接得到应用。

五是拓展科技成果转化扶持资金渠道，加强科技与金融的结合。主要是吸引社会资金对科技成果进行天使投资、风险投资，积极拓展社会资本进入学校的投资平台，通过股权投资等形式，促进科技成果转化，帮助创业企业迅速孵化。

六是培养创新、创业、创造“三创”型复合人才，为产学研创新合作打好基础。一方面学校发挥专业知识特长，导入企业生产线；另一方面企业面向市场需求，向学校提出技术需求，共同面对市场、培养技术人才、形成市场效应。①企业硬件设施向高校倾斜使用，如通过共享设备、毕业实习等形式，为高校的课程安排和学术研究提供优质社会资源。②充分利用行业企业资源，组建校企联合培养创新班，通过企业培养1年的方式增强学生实践能力，目前已与腾讯、南航等企业展开了合作。③企业参与课程的优化设置，实施课程计划一体化。④聘请校外机构或社会技术人员到学校讲授一线技术知识，学生从中可以学习先进的工程技术和实践。

七是支持鼓励大学生创新创业。学校所有的科研平台对学生开放，提供优越的创新创业实训环境，学生有机会进入实验室参与研究实践、跟随老师活跃在产学研合作一线。充分发挥中央高校基本业务费的作用，支持学生科技创新计划，提升大学生的综合创新创业素质。

8. 智能网联新能源汽车科技创新和产业发展

上海交通大学在智能网联新能源汽车领域的产学研合作取得了巨大成就，其中机械与动力工程学院张希教授在该领域的研究尤为瞩目。张希教授主要研究方向为新能源电池、无线充电和自动驾驶技术等，尤其是新能源汽车的智能互联技术处于国内先进水平；在学术研究上，作为项目主持人申报10余项国家级项目和省部级课题，在学术影响、专利数量和科技成果转化等方面成绩斐然。上海交通大学的主要做法与经验如下。

一是注重效率。在产学研合作中，质量是第一位的，但同时也不能忽略效率的作用，创新技术在应用过程中必然要有调试、实验的过程，只有在每一次的实验中与实际产品和企业需求保持高度一致，才能在转化过程中少走弯路，并节约出时间和资金提高产品效能和质量。因此，张希教授高度重视研发—实验—应用过程中的每一个环节，从技术需求、方案规划到初步实验再到产品生产线，层层把关、严格监控、及时解决问题，高效地完成了从创新理念到产品生产的衔接过程，提高了创新效率并节约了大量时间成本和资金成本。

二是充分考虑了本土实际。自动驾驶技术在各国的发展情况不尽相同，这不仅是因为关键技术“卡脖子”，还由于各国交通情况千差万别，所以自动驾驶技术必须要“一国一议”。我国交通系统的复杂性较高，除系统本身存在的标识问题外，还要将不同道路情况、行人行走特点等纳入智能决策系统。这为张希教授团队开发符合中国本土实际的自动驾驶技术带来了较大挑战，为此，团队与国内外知名车企合作，通过解决驾驶感受、行驶安全和科学识别并预测三个难题，构建了自动驾驶汽车路径智能规划系统。目前，张希教授团队开发的自动驾驶汽车智能操作系统，已经可以应用于不少功能车型，未来将进一步应用于家用车型。

三是适当推介产品。产学研合作的关键步骤是走向市场，接受市场机制的考验，一个成熟的技术如果没有合格的产品做载体则难以推广；同样，如果产品的市场规模过小，则不足以形成网络效应，进而限制技术的应用。张希教授在产学研合作中，非常注重将产品及技术推介给潜在需求者，自动承担了“市场销售”的角色，并且由于张希教授对产品性能和技术优势的详尽了解，往往可以取得一般销售人员难以企及的专业效应。这一方面可以减少企业的推广成本，另一方面张希教授还掌握了客户的偏好、担忧点，可以在后续创新中持续改进技术。在产品开发的完整产业链中，张希教授都选择性价比较高的技术和硬件，在保障质量的前提下压缩实验成本、减少实验阶段时间，缩小了研发周期和成本。产品上市成功后，他还主动解决企业可能面临的技术问题，获得了产学研合作企业的一致好评。

四是培养人才团队。张希教授注重科研团队的培养和建设，从产学研合作伊始，他就依靠过硬的技术和服务企业的态度，赢得了企业信任并与之建立了高密度的合作。①服务企业，将枯燥的科学理论转化为生动的技术讲解，不遗余力推进核心创新技术在企业中的应用，通过课程讲解、人员培训，增强企业技术人员技术能力和理论知识。②反哺高校，科学理论必须与生产一线相结合才能激发真正的产品创新，因此，张希教授时常聘请校外技术人员来校讲授最新工程需求和市场难点问题，与团队人员通力合作解决瓶颈问题。③注重实践，张希教授要求学生紧密结合生产实践，不仅要熟悉管理业务，还要对生产过程、技术手段全面把握，这一方面为企业贡献了智力资源，另一方面则培养了学生的实践能力、提高了学生的就业率。张希教授的创新研发团队在完成良性升级发展的同时，还帮助企业完成了技术再造和持续创新。

9. 探索发挥研究型大学优势在服务地方经济建设中实现跨越发展

南京大学在产学研合作过程中，致力于服务地方经济建设和企业发展。通过江苏省政府的参与和企业支持，平台建设数量稳步提升，科技成果转化能力不断增强，学术研究取得重大创新成果，专利数量和质量显著提高。通过政产学研用的集合发力，南京大学横向课题经费翻倍增长，基础研究能力和人才培养能力取得长足进步，国家工程中心等重点研究机构相继落地、科技人才队伍迅速成长，有力支持了国家科技技术进步，并为地方经济发展贡献了力量。南京大学的主要做法与经验如下。

一是完备的服务体系。南京大学在产学研合作中高屋建瓴，以服务地方为已任并与全国创新发展一盘棋，强调对高校创新的顶层架构，由校领导组织成立了专门的产学研合作工作领导小组，对接地方需求，从科学研究、技术实施、成果转化等方面出发，整合校内外力量，大力推进产学研合作平台建设。

二是重视技术转移服务。南京大学着力打造与创新社会相适应的技术服务体系，拓展产学研平台的主体范围，重视地方政府和成果转化的关键作用，形成从研究到孵化再到产业的完整技术转化链条。在政产学研合作中，借助地方政府和企业的支持，结合学校的人才队伍优势，共同开发技术、设计市场产品，将科技成果成功转化作为检验平台绩效的标准。在此过程中，政府发挥了政策支持的作用、企业发挥了基础设施的支撑作用、高校则发挥了技术服务的作用，三者良性互动，构建了顺畅的技术转移服务机制。

三是加强管理创新。①地方合作创新，南京大学始终将服务地方作为出发点和落脚点，与政府部门协同联动，通过激活地方的产业园区，完善地方政府的创新产业链。这种办法不仅突出了南京大学产业平台的重要作用，还借助政府的补贴和政策，形成了创新机制的再造。②创新运行机制，高校的产学研平台一般在校内运作，由高校负责管理运行，南京大学反其道而行之，将政产学研合作平台从高校剥离，自负盈亏、独立运行。南京大学校外平台的收入来源主要为科技成果转化、管理咨询和创新团队建设等。

四是变中求存。南京大学作为我国传统的重点大学，在创新型国家战略引领下，坚定迈出了改革的步伐，开始向创新型高校转变。整体来看，南京大学不单从事研究工作，还瞄准国家和地方产业政策，架构创新型大学组织，形成了政产学研战略联盟，有效支撑了国家科技进步和地方经济发展。

五是注重项目落地。政产学研需要各方凭借比较优势、坚持问题导向、促进科研成果成功落地。因此，江苏省政府放宽政策约束、给予政策支持，通过补贴、基金等形式投入到平台建设中。南京大学则借助人才优势，通过学术带头人的社会网络遴选创新团队，帮助地方产业和企业发展。近年来，江苏省政府和南京大学通力合作、互通有无，在高端技术研究和有效成果转化方面取得了重大成果。同时，区域创新态势也明显进步，企业活力大大增强，地方也走上了经济高质量发展道路。

10. 高校产学研合作实践与探索

基础学科的产学研合作在高校探索创业转型中一直是个难题，这对于中山大学化学学院也并不例外。化学学科具有特殊的学科属性，需要地方产业与之高度契合才能产生集聚效益。为此，化学学院主动联合企业洽谈项目，通过真心真意真诚的付出赢得了企业的信任，大幅提高了科研成果转化速度和效率，树立了基础学科产学联合作用的典范。化学学院的实践表明，高校基础学科的产学研道路可以走通而且走得很好，这不仅使学院的基础研究成果得以迅速转化成生产力，还有利于培养一支懂基础、重应用的创新型人才队伍。中山大学化学学院的产学研合作单位为肇庆福田化学工业有限公司，该企业创立于20世纪90年代初，企业规模较大，主要生产不饱和聚酯树脂及其辅料，长期面临基础研究不够、技术研发落后的局面。两家单位在产学研合作中一拍即合，合作成立了技术合作平台，共同研发、创新生产不饱和聚酯树脂材料。之后，公司发展速度明显提升、产品质量大幅提高、市场份额不断扩大，其中，“绿叶”品牌获得广东省名牌产品等荣誉称号。中山大学的主要做法与经验如下。

一是优势互补。①中山大学化学学院主导建立开发中心，利用基础研究优势直接对接企业产品需求。②学院对企业进行技术指导，主要通过技术共享、工艺再造和课程体系建设等形式，着重解决企业的重点难点问题。③广泛吸收企业经验，定期要求企业管理层进入校园，为学科分享一线的专业技术动态，通过设立校外导师、讲师、班主任等岗位，拉近了企业与学院的关系，拓宽了教师的专业认知、提高了学生的实践能力，进一步解决了企业遇到的具体问题。

二是重视企业实践。福田化学工业有限公司为支持学院发展，在公司内设立了中山大学定点生产实习基地，帮助学生提高实操能力。为保障合作的长期有效性，两家单位签署了关于生产实习基地运作的具体协议书。协议书规定，化学学院学生在实习基地享有认知包括实操、生产、管理等全套企业运作流程的权利，企业导师还可以根据实习情况，安排学生优先到企业工作，解决了基础学科学生“毕业即失业”的难题。

三是阶段性推进合作进程。产学研合作是个缓慢的过程，需要通过各方努力循序渐进。校企合作分为以下三个阶段：①联合培养人才，利用学校和企业不同的人才培养模式，通过学术与实践相互融合，促使两者相得益彰，打造复合型人才；②转化科技成果，企业需要利润、高校需要经费，两者的结合点在于合理而有效的科技成果转化方式，这个过程应摒弃行政干预，让市场规律指导双方进行合作；③形成战略联盟，创新型国家的建设离不开基础研究支撑，也离不开企业实体的壮大发展，因此，双方在这一阶段的目标应高度统一，打造战略联盟，主动承担科技创新的责任和义务，为我国创新体系建设贡献力量。

11. 产学研合作创新的办学实践

中国石油大学在产学研合作方面拥有较为丰富的经验，大学建立初期就与中国石油天然气集团有限公司紧密结合在一起。中国石油大学的使命就是服务国家石油产业，研发石油产业中的核心技术，解决石油生产实际中的问题。目前，中国石油大学在我国石油石化、油气工程、能源安全等领域做出了突出贡献，为国家石油战略提供了技术支撑，完成了基础理论和人才队伍的双建设。产学研合作是中国石油大学的最初宗旨，也是学校成功办学的实践结果，其主要做法与经验如下。

一是校企共建实践基地。石油专业与其他专业不同，需要具备专业知识和深厚的实践经验，因此，中国石油大学高度重视学生的生产实践活动，通过校企合作共同建立社会实践基地。在油田实习期间，学生可以直观观察石油企业的生产操作流程，完善知识结构，逐步成为具备实践能力的专业人才。此外，校企联合开发了“订单”培养模式，即学校培育的人才毕业后可以在企业上岗，这套全过程培养方案自实施后得到了校企双方的高度评价。校企共建的实践基地，是学生课堂学习的有益拓展，从规章制度到管理规范、从耳提面命到具体操作，提供了系统的人才培养方案。

二是校企共建科研基地。学校重在理论发掘是其内在比较优势。中国石油大学根据企业、行业发展需要，选择学科聚焦方向，并以此展开项目研究，同时，在科研成果转化方面也与企业进行较好的衔接。为更好地完成校企合作内容，双方共建了科研基地，专门研究油田生产中的实际问题。科研基地设定的规格较高，由油田和学校领导层组成领导班子，架构产业研究方向、部署团队建设内容等。此外，科研基地广泛吸收校企的技术精英，共同开展研究、攻克技术难关。

三是联合建立高层次人才工作站。人才是企业发展的源泉，也是高校的使命所在。为此，中国石油大学专门在校内设立企业研究生工作站和博士后科研工作站。高层次人才工作站一方面可以集聚人才，利于学校发展、带动研究团队，提高技术创新能力；另一方面，工作站成为了石油企业复合型人才储备库，满足企业人才团队建设的需要。此外，学校还注重国际化人才培养，通过对接国际知名石油企业，设立国际石油工程管理型人才培养方案，向国内企业输出复合型创新人才。这种方案的优点是人才视野宽广、管理能力突出、技术基础扎实，但同时需要学校协调中外企业和他国政府，统筹工作较为繁琐，容易造成人才培养方案的流产。目前，中国石油大学的国际化人才培养较为顺畅，三方联合培养的人才全部能到校完成规定的学制，实现了打造高级管理和技术复合型人才的目标。

12. 开创产学研合作新模式，力促科研技术转化结硕果

西安工业大学在产学研合作上走出了以横向项目为主的特色道路，自建校以来，学校一直以“光、电、精”为研究突破口，形成了独具风格的创新态势，为社会和企业培养了大量高精尖人才。目前，学校拥有国家级重点实验室与工程中心等研究基地，承担着国家军工企业、省部级科研单位、国防科工局以及其他单位委托的项目 900 多个。近年来，西安工业大学获得国家科技进步二等奖、中国兵器工业集团公司科学技术奖励进步奖一等奖等重大奖项，在产学研方面取得了卓著的成绩。在专业技术领域，涌现了大批优质项目和先进个人，引起了广泛的社会关注和行业内的一致好评。西安工业大学的主要做法与经验如下。

一是借力比较优势。西安工业大学的传统优势学科在“光、电、精”领域，经过多年的积累和沉淀，在行业内储备了深厚的社会资源，学校凭借这些优势，深耕细作、久久为功。学术研究需要

科技成果转化助力，科技成果的成功转化在于社会资源的调动能力，西安工业大学充分发挥业内良好口碑的优势，积极协调社会资源，在“光、电、精”领域将一项项科研成果踏实落地，促进了经济社会的发展、增强了国家的自主创新能力。

二是瞄准市场。科技成果的最终检验者是市场，只有被市场广泛接受的技术才能走得长远。西安工业大学十分注重技术的市场化应用，针对企业的不同需求，探索技术转移和合作方式方法。通过自主建设或邀请其他科研机构共同建设技术研发中心，学校将满足市场需求作为技术研发的原始动力，不仅在传统的“光、电、精”领域继续扩大比较优势，还在材料科学与工程、先进制造技术等方面取得了傲人的成绩。在此过程中，学校与企业方紧密合作，通过共享技术优势、重大科研基础设施等，有效推动了企业技术创新和学校成果转化。

三是灵活的成果转化方式。西安工业大学注重创新科技成果转化机制，探索出了以技术入股、产品销售提成等为主要转化方式的技术转移方案，根据转化的速度和效果来看，方案不仅走得通而且走得好。不论是技术入股还是产品销售提成，都激发了科研人员创新技术、成果转化的动力，帮助学校扩大了专业影响力，进一步助推科技成果的有效转化，形成了产学研的良性发展势头。

四是注重科技交流。思想的交换会产生“1＋1＞2”的效果，西安工业大学在技术交流、知识共享和跨领域合作方面一直走在行业前端。①人才交流，与国内外其他高校、科研院所和相关企业保持良好的互动关系，定期交流研究动态和前沿高新技术，相互交流技术思想和创新理念，通过共同研究课题、开发项目、解决实际问题，拉近行业不同机构间的距离、搞活区域创新研究氛围。②团队建设，科学技术的研发要有持续性，做好“传帮带”是高校的使命和责任，西安工业大学近些年来致力于打造有想法、能动手的复合型人才，或是邀请校外企业和研究机构的教授走进学校、开展课堂讲学，或是开辟途径让学生走进企业和研究机构、接受实践检验，大幅提高了研究生的创新能力，培养了一支强大的技术创新后备军。

13. 深化校地、校企高度融合，打造农业科技创新高地

中国农业大学秉承国家“双一流工程”建设的要求，以建设世界一流农业大学为发展目标，基础研究和实践应用并重，建设了一批高水平、开放性的产学研平台，汇集学校各学科人才和学术资源，对接地方政府和企业需要，形成了学术研究、技术研发、成果转化、企业投产的完整链条。2015—2016 年，实现了合同金额翻 10 倍的重大跨越；2017 年转化项目 17 个，共 22 项技术，合同金额 319 万元。另有 3 个项目正在办理转化手续过程中，全年预计转化项目 25 个，合同金额 3 500 万元。中国农业大学的主要做法与经验如下。

一是大力促进校地校企合作与农技推广服务。中国农业大学依托技术和人才优势，与企业在物联网、有机绿色食品生产等方面进行了卓有成效的合作。学校还致力于推进区域现代农业发展规划，与河北省地方政府在特色产业、生态规划、农机推广、技术服务等方面展开了多维高效合作。通过学校建立的研发中心和实践基地等，有效带动了地方经济发展和贫困人口的脱贫致富。此外，学校还将合作对象直接瞄准地方农技推广站点，实现了顶层到基层的体系对接。

二是结合学校特色，大力开展农业教育和培训。坚持走内涵式发展思路，塑造培训品牌，促进教育培训的可持续发展。通过进一步加强培训质量意识，全面落实管理助学理念，较好地推进了教育培训工作的内涵式发展，塑造了与学校办学定位相匹配的教育培训品牌，充分发挥了学校的社会服务职能。

三是科技成果转移转化体系完备，效果显著。科技成果转化离不开机制创新，中国农业大学专门成立了工作领导小组，对全校的成果转化及权益改革工作进行统筹领导。调整了部门工作分工，将成果转化工作转由校办产业办公室负责，技术研发由二级学院负责，成果产品化交由公司负责，并由办公室指导协调两者合作。修订、制定了若干政策文件，为学校成果转化工作探索经验，把科研

人员进行分类管理，将兼职、创业、持股等促进科技成果转化的具体办法在全校范围内进行了推广。

四是加强人才培养，提升创新创业能力。依托学校的53个综合教授工作站，围绕当地支柱产业，开展了多种形式的农业科技推广和服务，协助当地政府、龙头企业、农民合作组织、农技部门，从源头上消除抑制地方农业发展的技术和管理瓶颈，组织针对农技人员、农业管理部门进行有针对性的专业和技术培训。学校还注重创新人才培养方案，通过建设精品课程和网络基础设施，从质和量两个方面提高学校的智力输出水平。中国农业大学开发“网上农大”应用软件，向社会共享网络课程逾300件，大幅提高了高校对社会教育的贡献，并为我国农林类高校的在线教育提供了样板。

五是共建国际创业园。中国农业大学利用首都高校集聚优势，充分吸纳北京市政府的创新政策激励作用，在政府和企业的支持下成立了中国农大国际创业园。园区立足国内、面向国际，通过完善平台建设和制度供给，在技术创新和科技成果转化方面表现出色。此外，园区还设置了创新创业系列课程，推出了从思维到实践的完整教育闭环，有力支持了创新型高校的建设。

14. 校地共建新型研发机构，实践协同创新发展之路

中山大学惠州研究院是中山大学与惠州市地方政府基于产学研合作联合建设的科创平台。惠州研究院设立的初衷是协助惠州石化产业实现技术再造和产业转型升级，现已建成中山大学化工产业化基地。在石化产业方面，研究院一方面满足石化企业需求，将创新发展放在工作首位，另一方面还顺应中山大学在学生教育、课程实践、研究论文等方面的内在需求，保障了产学研合作的顺利开展。中山大学惠州研究院的主要做法与经验如下。

一是聚焦石化产业研究。中山大学在石化产业领域具有雄厚的研究基础，在专业技术、学术研究方面极具特色。惠州研究院则在产业链的完备性、可塑性和市场化方面优势明显。因此，中山大学提供基础技术、惠州研究院提供产业链支持，两者共同作用形成了

在石化产业的科技成果转化一站式平台。①建立创新平台。吸收中山大学最新技术成果，通过设置转化奖励制度激励高校对研究院保持常态化的技术供给。②建立中试基地。石化产业技术创新需要大量的中试研究，研究院致力于解决中试实验中可能存在的技术难题、设施材料等瓶颈，通过中试实验基地促进科技成果成功转化。③建立产业化基地。一方面借助政策优势，通过资金补贴等支持创业团队进行创新活动；另一方面通过全套的产业化设备设施，帮助创业团队迅速进行科研成果转化。④完善服务配套。除提供基础设施外，研究院还主动增强服务意识，协助创业团队产品走向市场。

二是创新研究生教育。中山大学的教育方式倾斜打造理论和实际相结合的新型学生，主要体现在研究生教育的变革上。①研究生进基地，打破以往专业型研究生只在学校学习的传统教育方式，与研究院共同开发新型培养方案。研究生上半学期主要完成基础课程的研修，下半学期则进入研究院的实践基地，在化工作业一线实际操作，增强作业能力。②校外导师进课堂，师资力量的更新再造是研究生教育改革的一大亮点，学校聘任校外知名企业的技术人员和管理人才作为研究生校外导师，将丰富的课外实践知识引入知识教育系统，增强了学生对化工专业的认知能力。③研究课题入生产，从实践找问题、向一线要课题，通过与企业的紧密配合，增加了教师团队参与创新的积极性，增强了企业解决实际问题的能力，这种紧贴实际的创新研究方式激活了学校的创新活力，极大地提升了科研成果转化效率。

三是创新人才引用机制。人才队伍建设是研究院一直关注和关心的问题，在产学研过程中，通过不断地摸索逐渐形成了独具风格的人才队伍建设方式。①任人唯贤，摒弃传统的年资制、人脉制等人才系统的弊端，研究院坚持选拔能人上岗，对冗员实行淘汰机制，增强了人才队伍的质量。②柔性引才，解除人才的后顾之忧，减少庸政琐事对人才创新的干扰，最大程度上用体制机制优势有效吸引人才加入。③成立博士后科研工作站，向高精尖技术要创新需要顶级人才的加入，为此研究院通过博士后工作站点吸引人才加入，有效扭转了前沿创新研发动力不足的局面，更加激励了企业与研究院展开无间的产学研合作。

四是共建创新平台。产学研合作要想走的长远，需要帮助企业与高校共同成长，研究院发挥着中流砥柱的作用。为此，研究院开展与其他科研机构、社会企业的广泛合作。目前，产学研合作项目合同金额超过 900 万，大大提升了科研资源的驾驭能力。借此机会，研究院还主导成立了产业技术创新联盟，联合省内、国内和海外知名企业、研究机构共同推进石化产业的创新发展，满足了石化行业对创新技术的巨大需求。

15. 发挥平台优势推进产学研协同创新合作

重庆大学的产学研合作优势在于建立科研平台，在平台基础上展开重大科技项目的技术合作，一大批成果先后获得了国家级及省部级奖励。重庆大学的校企合作模式在人才培养方面尤为突出，为合作企业培养硕士生超过 500 人次，本专科生则超过 10 000 人次，满足了企业对科技人才的强烈需求。学校在协同创新中善于凭借企业资源，帮助学生完成生产实践作业，除校企共建试验基地外，重庆大学还依靠政府协调，建设了国家大学科技园，提高了成果转化成功率。目前，该科技园销售收入稳步增长，为地方经济发展贡献了累计超过 5 亿元的税收，提振了地方经济并做大了产学研合作平台。重庆大学的主要做法与经验如下。

一是共建研发平台。研发平台是学校进行科研创新攻关的制胜法宝，校企合作的科技研发中心锁定知名钢铁、铝材和汽车公司或集团，与之共同开发建设研究中心、技术研究所等，在解决企业实际问题的同时，学校获得了宝贵的研发经费并加深了技术开发与创新应用。

二是服务地方发展。重庆大学协同参与地方经济建设，为重庆市的发展注入高校力量，不仅为重庆市各社会机构输送了大量人才，还通过架构战略合作关系，为重庆市的健康持续发展积极献言献策，提供了技术、咨询和智力支持。新时代背景下，学校从精准扶贫、乡村振兴、城市发展等方面与各区、不同政府部门签订了横向课题，助力区域高质量发展。此外，学校还注重校地共建产业研发中心、科技成果转化基地，与地方一起推动产学研的长效合作。

三是联合培养人才。重庆大学将学生的毕业实习作为首要工作，并通过与企业的合作，指定了学生在企业实习的详细方案和计划，面向企业的个性化需求，从本科生开始就进行职业化培训和企业管理岗位教育。学校充分发挥专业知识优势，在课堂上直接讲授实践相关的经验性、总结性成果，丰富了学生的课程体系，解决了企业招聘人才时遇到的“人岗”不匹配难题。

四是注重人才共享。重庆大学大力推进深度校企合作，激活校企双方的人才要素是其中的关键一环。①知识分子进驻企业，学校倡导高层次人才深入企业一线，切实解决企业遇到的实际问题，通过在岗或兼职等形式，落实校企深度合作的使命。博士当助理、教授当处长等灵活的岗位安排，卓有成效地帮助企业解决了技术和管理瓶颈，深受企业欢迎。②企业专家走进课堂，重庆大学为完善学生的专业认知结构、激发教师队伍的创新活力，采取定期邀请企业管理人员讲课、聘请企业专家讲授一线技术研发动态等方法，不断提高校企双方的合作范围，共同激活了人才的创新热情。

三、以科研机构为主导的产学研协同创新

1. 产学研金协同创新培养金融跨界人才

上海立信会计金融学院是一所以金融专业为主的高校，在金融创新领域的影响力非同小可。虽然学校成立的时间并不长，但始终把坚持创新引领发展放在首要地位，持续加强学科建设。学校通过建设创新研究基地、政府智库、咨询中心等产学研合作平台，以促进上海金融业创新发展为使命，为上海成为国际金融中心、提升长三角城市群的产业吸引力提供了智力支撑。上海立信会计金融学院的主要做法与经验如下。

一是建立健全政产学研合作的运行和管理机制。学校设置产学

研基地管理中心，成立政产学研合作教育领导小组，制定出台《政产学研战略合作联盟三年支持计划》《政产学研基地建设与管理实施办法》等相关制度和政策，通过政产学研合作工作领导小组，明晰各参与方的权责利，强化评价和考核，充分发挥各方积极性和创造性。合作双方共同组建基地管理委员会或理事会，对合作的重要事项进行共同决策和质量控制，为产学研合作取得实效提供保障。

二是建立校企合作“八共同实践共同体”。学校通过设立校企合作班、校企合作协同创新项目等方式，邀请公司管理人员和技术人才到校指导学生课程设计和实习，全面参与“八共同实践共同体”建设。通过在课程和教学等方面的合作，提高学生的认知能力、实践能力和操作能力，为学生的实习、就业打下坚实的基础。通过将企业能力需求与第一课堂的有效连结，提高实践育人成效。

三是建立与政府、企业、金融机构的合作关系。一方面学校建立了与地方政府良好的协作关系，扩大了学校的区域影响力；另一方面，金融学院加强与银行、保险公司和交易所等金融单位的合作，突出学校的专业属性。学校还注重与行业龙头企业的对接，通过签订战略合作协议，展开横向合作。目前，在培养应用型人才、教师见习锻炼、咨询服务、就业实习等方面开展了全方位合作。学校还探索建立匈牙利中欧文化教育中心大学生学习实习基地，拓宽学生在海外参加世界500强公司实习实践的渠道。学校现有政产学研战略合作基地和校外实习实训基地近200个，覆盖全校所有专业，年可接纳3 000余名学生实习实训（占年级学生规模的70%左右）。

四是坚持推进教育国际交流与合作。学校与国（境）外多所知名高校及研究机构签订了双向合作意向书，规划设计了多个饱受学生欢迎的合作交流项目。通过与国际大型会计师公会、知名高校合作，在培养面向国际的会计人才和国学人才等方面取得了良好效果。

2. 搭建中国地热与温泉产业产学研用协同合作服务平台，促进行业创新发展

中国地热与温泉产业联盟是产学研合作的产物，联盟参与单位包括行业内的高校、科研院所、社会团体、知名企业和相关机构部门等，由多名院士和专家领衔，共同打造了地热与温泉产业的服务平台。联盟发挥了政府的产业指导、行业的能动性和科研人员的知识优势等，通过涵盖政、产、学、研、金、用六个方面的资源优势，瞄准地热与温泉产业的现状，着眼于未来构建了全方位的服务体系。联盟以技术创新为依托，在明确的权责利基础上，强化科技成果转化力度，致力于推进地热与温泉产业技术成果的市场化进程。在联盟的推动和领导下，产业内各参与方的技术创新能力大幅提高、服务能力跨越式发展，有力提高了参与方的创新活跃度和市场竞争力。中国地热与温泉产业联盟的主要做法与经验如下。

一是建设一流、权威、具有公信力与引导力的专业信息服务平台。联盟高度重视信息化时代中国地热与温泉产业发展信息、文化建设信息的生产与传播，通过专业信息服务平台为促进和推动中国地热与温泉产业的信息与文化建设、打造并确立中国地热与温泉产业及其文化在世界的话语权做出贡献。

二是共建地质资料中心。通过以数据服务为目标的平台建设，打造地热与温泉行业的“智能大脑”，为地热与温泉行业提供详细的区域地质资料、实现资源共享。

三是建设传播创新技术与文化信息的服务平台。通过联盟会员无缝对接的方式，在积极保护知识产权的前提下，把联盟内任何单位拥有的创新技术与思想理念及时传播给其他单位。联盟定期或不定期地组织开展创新技术与创新思想的交流活动，把联盟会员单位以及外部相关的最新创新技术成果在联盟内分享。

四是建设融资投资的服务平台。联盟同金融机构、基金组织、商业银行合作，为优质地热与温泉产业项目寻找资金支持，拓展融资渠道。

五是建设人才培养、培训的服务平台。①与有关院校合作，或组织联盟内高校，开展国家承认学历的专业教育，为会员单位培养专业技术创新人才。②充分发挥专家优势，组织院士、专家举办多种培训班，培训联盟会员单位的各类技术骨干，让会员单位及时掌握最先进的技术方法，提升会员单位的创新活跃度。③搭建院士、专家咨询的服务平台，对于有需要院士、专家提供技术支持的单位，联盟将积极和院士、专家沟通，提供现场指导服务。④主动开展多种院士、参事行活动，巡回指导联盟会员单位，对联盟会员面临的各类技术问题和国家政策给以及时解答。

六是搭建推荐国家奖的服务平台。在行业内评选单位和个人创新奖、促进奖、工匠奖等，并推荐上报中国产学研合作促进会或国家科技进步奖评奖办公室。

3. 加强产学研与用的融合，推进虫草素技术创新与产业化

上海国宝企业发展中心在创新发展历程中，不仅重视学和研的基础作用，还高度重视产与用的实际效果。公司是一家以生产北冬虫夏草为主要业务的高科技生物工程公司，依托张江高科技园区着重在研发与生产上发力，开发了多项具有自主知识产权的高科技产品。目前，公司生产的北冬虫夏草系列产品已经获得质量检测部门的高度认可，产品质量在国内行业中首屈一指。公司生产的产品获得多项国家和省部级奖项，在科技创新方面走在了前列。上海国宝企业发展中心的主要做法与经验如下。

一是坚持科创惠民。企业始终怀有为民服务的情怀，除进行虫草素前沿领域的药理药效研究之外，还坚持“保效能、降成本”的研发宗旨，推出了面向大众消费的优质产品，在虫草系列产品中，胶囊、老鸭汤速食食品、保健茶和美容产品等都深受老百姓欢迎，产生了良好的市场反应，并为企业创造了市场收益。同时，上海国宝以党建联建的方式深入社区，与癌症康复俱乐部、癌友沙龙的成员交朋友、送温暖。患者们主动提供的产品服用感受为虫草素科研提供了第一手的直观数据。这一系列的举动，在中国虫草素产业的

初创期，走出了一条具有特色鲜明的合作之路。

二是首创虫草素联盟。上海国宝联合国内顶级学府的研究团队，依托良好的企业合作关系，主导成立了我国首个虫草素产业的战略联盟。联盟的宗旨是产业升级与技术创新，广泛联合了领域内多个重要企业，沿着国家创新战略方向，展开了深度产学研合作。联盟坚持市场分配机制的主导作用，形成了权责利相结合的合作方式，吸引了一大批高校、科研院所和企业围绕在虫草素产业周围，通过技术联合攻关，大幅提高了行业整体的竞争实力。

三是积极拓展科研合作。在承担国家“863 计划”时，企业不仅注重对北冬虫夏草工厂化培育关键技术的研发突破，同时十分注重北冬虫夏草与虫草素制剂的药理与药效学研究。企业发挥产学研的整体优势，以解决困扰老百姓关心的疾病问题为目标，同地方的高校和科研院所共同合作攻关，不断将虫草素应用到更新的产品领域，实现了社会影响力和市场效益的双赢。

4. 深化标准化服务，促进双创落地扎根

中国教育信息化产业技术创新战略联盟是由高校、科研院所、企业和社会机构等构成的，目的是通过产学研合作促进我国教育市场产业化和标准化，最终实现创新驱动式的转变。华南师范大学作为联盟第一期理事长单位，在教育领域的信息化程度、产业布局和学科建设等方面率先开展了与企业的合作。总体来看，联盟通过校企合作的方式，在行业标准建立、服务平台建设、创业氛围营造、孵化器运营等方面推动了我国教育行业的创新发展，为教育行业助力创新驱动战略提供了有力支撑。联盟的主要做法与经验如下。

一是发布行业标准，促进产业深化应用。联盟首抓的第一件大事就是发布行业标准，邀请行业内的领军人物广泛讨论、详细评估，在智慧校园方面发布了一整套的评价体系和技术标准，为行业的标准化建设奠定了坚实的基础。在教育系统的智慧化、信息化和创新化方面，联盟发布的标准均进行了严格的考证，力使行业标准有根据、可落地、能实用。联盟还主动为行业内各个参与单位提供

标准的解读和培训服务，以增强标准的推广范围和适用性，促进了高校教育乃至社会教育的信息化建设进程。

二是推动创新合作服务，促进产业持续向好。联盟设立之初就坚持构建新型的产业创新合作关系，将政府部门、社会企业等关键参与方纳入平台，增强了联盟的动员能力和协调能力，促进了产业升级转型和地方经济发展。联盟在服务平台上实现了资源共享、技术共建和资本合作，不仅增强了平台在行业内的话语权，还提高了联盟参与单位的核心竞争力。此外，联盟结合建设合作中心和服务平台等组织形式，辅以开展沙龙、谈话、会晤等专项交流方式，激活了产业活力。

三是开展多种形式的比赛，构建活跃的创新气象。创新驱动是国家重要战略，需要各方面的密切配合。联盟将创新作为使命和责任，并大力倡导、组织、开展双创比赛，高校及师生、企业对比赛的积极呼应，提高了企业的创新热情，并为创新驱动战略培养了后备军，提高了社会对创新战略的认识和关注。

四是建设成果孵化器，助力科技成果转化。联盟坚持产业化主导方向，通过建设创新创业基地助力双创项目转化。孵化器与高校、研究院、广东卫视等合作，结合国家级和省级研究中心，引入了行业内知名的创业培训机构。此外，联盟还联合参与单位通过共同成立投资基金，深化资本在创新创业中的作用，帮助大批成果成功转化。

5. 大数据金融产业创新——势之所趋、国之所需

中国大数据金融产业创新战略联盟以推动我国大数据金融产业创新、合作与发展为目标，致力于搭建全国性的高端服务平台。联盟以国家级大数据综合实验区为依托，以国务院发布的政策指南为指导纲领，助力大数据金融产业的创新和发展。在联盟有效的管理和运作机制下，充分发挥联盟单位的比较优势，在创新大数据领域技术方面持续发力，促进大数据领域的技术进步并形成闭合产业链条；倡导联盟在推动行业发展中的创新引领地位，促进科技成果向

现实生产力转化，加快建立以企业为主体、市场为导向、产学研金用相结合的大数据金融产业创新体系，使联盟成为国家大数据金融产业创新体系的重要组成部分。联盟的创新作用还体现在体制机制的创新，通过共建平台整合联盟内的要素资源形成合力，使科技成果能够迅速走向市场。联盟的主要经验与做法如下。

一是组织开展大数据金融创新与发展的理论和实践研究，构建面向应用的政、产、学、研、金、用一体化综合数据资源库，用以存储、分析数据，提高要素配置效率，在资源共享方面做到最优，全面提升会员单位的核心竞争力，把数据转化成可以应用的业务优势。

二是结合相关产业最新研究成果，一方面在大数据产业注入行业特征元素，另一方面在金融领域发挥大数据的服务特性，通过两者的有机结合促进大数据金融业在子领域的开发应用，为行业上下游企业提供技术支撑并推进行业创新发展。

三是助力中小企业创新金融模式。在这方面联盟协同建设投融资服务平台，围绕大数据金融产业的上下游中小企业，为其创新投融资模式，着力解决这些企业规模小不易贷款的问题，使其能够专心于技术创新和产品研发。

四是激励产业技术创新。整合联盟会员和产业科技力量，成立了大数据金融创新基金，专门对产业内企业的创新成果进行激励。联盟通过与政府部门的积极合作，及时反馈行业需求并承接政府相关项目，为行业发展建言建策，推进大数据金融行业的技术创新能力，促进转型升级。

五是倡导建立技术标准。在我国第一个大数据综合试验区——“数谷”贵阳市，充分应用大数据金融的技术创新成果，会同联盟各成员单位，一方面群策群力制定大数据技术标准，另一方面通过试行相关标准率先提炼完善为联盟标准，并努力完成国家标准的制定。

六是组织境内外不同专题、不同行业的大数据金融创新和技术交流、研讨、论坛与合作等活动，总结推广先进经验，指导创新发展和产学研合作实践，为企业提供优质的信息、咨询服务。

6. 技术转移示范机构先行者，打造技术转移平台新典范

中国科学院北京国家技术转移中心（以下简称北京中心）依托中国科学院大力推进技术转移工作，是我国科技成果转化的国家队和主力军。在平台基础上，近年来，北京中心致力于依靠“看不见的手”对主营业务进行调整，构建了独具特色的业务板块，在人才建设、资本对接、创新培育等方面逐步形成了示范效应。10 多年来，北京中心获得科技部、北京市科委、中国科学院等部门的多项奖励，以表彰其在技术转移工作方面的重要成就和突出贡献。北京中心的主要做法与经验如下。

一是建立重大项目推进平台。为助力中关村自主创新示范区建设，北京中心在北京分院与中关村管委会等单位支持下，建立重大项目推进平台，推动符合产业需求的重大科技成果转移转化。主要包括：结合产业需求，深度调研挖掘研究所产业化项目；跟踪服务已部署的重大产业化项目；制定并落实技术转移专项奖励政策，营造创新创业氛围。推动中科院系统龙芯、液态金属散热器、博阳空间信息数据库管理系统、绿色印刷制版技术、水性聚氨酯项目、虹膜识别、微小型燃气轮机、中科晶上等 60 余项产业化项目落地转化。

二是举办创业大赛。为促进中国科学院科技资源的对外开放，推进中国科学院所属单位技术转移工作全面开展，积极引导科研团队参与“双创”实践，联合深圳的技术转移机构共同推出了我国第一届“中科创赛”。这项赛事不同于其他区域性质的双创大赛，一方面依托中关村突出了北京的创新引领作用，另一方面则将沿海地区的深圳市作为呼应的创新第二极点，集合了首都和特区的比较优势，别开生面地凝聚了南北不同地域的创新力量，为我国创新驱动战略写下来浓墨重彩的一笔。

三是建设知识产权管理与运营平台。整合研究所、企业、投资者和专业知识产权服务机构四方资源，共同促进专利成果产业化，

提高中心的专利实施率和中关村相关企业核心竞争力。以平台为依托，聚集多方资源，为中心的知识产权相关业务提供支撑和服务。平台支撑主要有如下五部分：中国科学院的专利数据和科技信息共享、大型科学仪器、设备共享、专家咨询服务、科技投融资服务。

四是大力开展科技创新培训。中科明理学院是北京中心发起并成立的以科技创新培训为主营业务的专业培训机构，通过系统培训提高学员对科技创新规律的理解，掌握国内外最新的科技动态和先进的科技创新模式，提高企业及高新技术园区的科技管理水平，以此大力推进企业技术升级、改造，促进科技型企业转型。由中国科学院院士、专家，相关领域杰出企业家组成的学术委员为学员辅导，进入由各省、市创新创业基地负责人、孵化器负责人、企业家、技术专家等学员组成学习圈子。学员可获得培训、技术成果对接、专家诊断会、先进企业交流访问等全面服务，还可获得由北京中心颁发的结业证书。

7. 创新完善标准引领产业发展

中国标准化研究院是我国从事标准化研究的国家级社会公益类科研机构。近年来，研究院响应国家在资环领域的标准化需求，努力推进技术创新进程，先后承担了 80 多项国家级课题。通过开展政产学研合作，研究院不仅在节约能源方面有了较大的进步，而且还积极参与了国家在生态领域的战略部署，为该领域的标准化工作做出了卓越的贡献。以 500 多项国家标准为背书的研究院，以创新的勇气和魄力赢得了绿色行业内企业的大力支持，在政产学研合作机制的引领下，逐步缔造了“立足中国、面向国际”的创新格局。中国标准化研究院的主要做法与经验如下。

一是服务政府工作。中国标准化研究院对接国家节能减排等部门的工作，以横向课题或科技成果协助完成绿色发展、生态环保等目标。此外，研究院还与国家发展和改革委员会等部门展开了良好合作，近年来，配合实施了“百项能效标准推进工程”，并建立了我国的节能国家标准，有效保障了一系列节能政策措施的推进。

二是引导产业发展。中国标准化研究院以服务产业发展为目标，非常注重科技成果在行业内的共享，构建了标准化的协作链条，迅速推进产业标准化的确立。一方面开发了工业产品的生命周期评价工具，致力于工业型公司的可持续发展建设；另一方面又将节能标准推向生活设备的制造，通过建立了家电产品循环测试比对协作机制，大幅提高了我国家电设备的节能情况。此外，研究院还仅仅抓住国家重大战略，推出了生态文明建设领域的标准咨询服务平台，为社会各界学习相关政策和标准等提供了极为便捷的通道。

三是成立标准化技术联盟。中国标准化研究院依托前期研究成果和自身优势，与行业内诸多企业保持了良好的合作关系，通过在标准制定和实施方面的战略协作，建立了多个标准化联盟。联盟以创新标准为合作宗旨，突出以科学的工作模式保障科学和实践应用，还与科研院所和第三方机构联合评估，充分借用市场机制，在节能减排、绿色环保领域制定了多个行之有效的标准。目前联盟的参与单位已经超过200家，覆盖了政产学研多个部门和单位，服务了整个协作网络的标准化工作。

四是推动我国标准的国际化。在经济全球化背景下，市场竞争的产品优势通过国际通行标准来检验。为此，中国标准化研究院一直致力于把握国际标准化的发展方向，将中国标准与国际接轨。研究院内的科研团队广泛联系企业，依靠国家级科技项目的背书，建立国际标准示范试点并逐步在全国范围内推广，稳步推进了标准国际化进程。

第三章　产学研协同创新的实证分析
——以北京市顺义区为例

一、顺义区产业政策导向

1. 顺义区产业发展方向

“十三五”期间，顺义区确定了“3＋4＋1”的高精尖主导产业新格局，即聚焦发展“新能源智能汽车、第三代半导体、航空航天”三大创新型产业集群，提升发展“临空经济、产业金融、商务会展、文创旅游”四大现代服务业，着力构建“智能制造”产业生态。

2. 构建高精尖产业结构

一是推动制造业向智能制造转型。顺义区围绕“新能源智能汽车、第三代半导体、航空航天”三大创新型产业集群，加速布局完善上下游产业链，抓好世界智能网联汽车大会、工业互联网标识解析国家顶级节点等重大平台，促进北京奔驰新能源汽车下线投产、第三代半导体材料及应用联合创新基地投入使用，加快车和家总部基地项目建设，争取孚能科技、罗罗发动机等项目落地。

二是制定实施高新技术企业倍增计划。重点培育支持“小巨人”“独角兽”“隐形冠军”等企业，精心孵化初创型、科技型小微精品企业，推动形成“大企业支撑、创新企业繁荣”的发展格局。

三是优化空间布局支持高精尖产业发展。顺义区划定了100平方千米的创新型产业集群和制造业高质量发展创新引领示范区，涵盖了中关村顺义园等重点产业功能区和北小营等镇。示范区主要用于发展三大千亿级高精尖产业，围绕研发、设计、中试、测试、成果转化、系统集成等产业环节，聚集柔性化、定制化、服务化等产业形态，发展示范工厂、智能工厂、云工厂等模式，吸引互联网+、平台经济、数字经济、知识经济、绿色经济、共享经济等新经济新业态，致力于将示范区建设成为产城融合、职住平衡、宜居宜业的新型产业园区。

3. 提升现代服务业质量效益

一是持续推动现代服务业内部结构优化调整。扎实开展服务业扩大开放第三轮试点，推动跨境电商业态与规模双突破，提升跨境贸易便利化水平，积极争取内资融资租赁试点和飞机租赁产业发展政策支持。

二是全力推动临空经济转型升级。按照首都“一市两场”发展规划，服务首都机场提升国际航空枢纽功能，积极引导国际航空资源和高端服务功能聚集。优化产业功能板块，重点布局航空业总部，完善航空港配套服务产业。

三是加快北京新兴金融聚集区建设。积极发展产业金融、离岸金融等特色金融，建设好后沙峪金融商务区和北京市上市挂牌企业总部基地，持续吸引优质机构聚集。

四是促进商业服务业发展。释放商务会展活力，深化新国展二三期功能定位和产业规划研究成果应用，稳步推进项目交通规划、土地供应等重点工作，加快沃尔玛山姆店、金宝天阶一期、空港一号等商业、服务业设施开业，推动传统商业板块转型升级。

五是加快旅游业发展。突出文创旅游特色，加快国家对外文化贸易基地二三期建设，推动在谈旅游招商项目落地，培育特色鲜明的旅游产业集聚区和精品高端业态，打造顺义文旅产业靓丽名片。

4. 大力推进产学研协同创新

一是加强制度设计。制定了首都科技条件平台配套政策——《首都科技条件平台顺义工作站管理办法》，在“前补贴”扶持产学研协同创新领域迈出坚实步伐。

二是积极对接“三城”。主动联系在京重点高校院所，共建北京市科技成果转化统筹协调与服务平台，吸引重大科技成果转化落地。

三是加强军民融合。积极引导区内“民参军”和“军转民”企业构建高频互动的产业化闭环，促进协同创新与科技成果转移转化，催生高质量供给，形成强有力的产业带动。

二、顺义区重点企业产学研协同创新需求

1. 顺义区重点企业发展需求

课题组前期对顺义区重点企业调研发现，企业发展创新的主要需求有：第一，引进、转化或自主研发新的技术，提高产品附加值；第二，申请新的技术专利、知识产权、相关资质等；第三，加强产业链上下游企业、行业企业、国际企业等之间的合作；第四，加强人才队伍建设，加大高层次人才引进力度，加强企业在职职工培训；第五，建设工程技术中心、博士后科研工作站等协同创新平台；第六，提高企业信息化管理水平；第七，加强国际合作，拓展国际市场，进一步提高产品海外销售收入；第八，完善知识产权纠纷多元解决机制，健全知识产权纠纷的争议仲裁和快速调解机制；第九，搭建区域性科技成果转化统筹协调与服务平台，加速科技成果落地转化；第十，进一步优化区域营商环境和创新创业环境。

2. 顺义区重点企业发展面临的困难

前期对顺义区重点企业调研发现，企业发展面临的困难主要有：第一，企业研发资金和创新投入不够，购买新技术、新设备的资金不足，商业银行和政府对企业的支持有限；第二，知识产权保护不到位，企业合法权益得不到有效保护，专利申请周期较长；第三，部分领域专业技术人才匮乏，吸引和留住高层次、专业性技术人才较为困难，高技术人才和科研人员流动率较高；第四，科技成

果转化为产品存在困难，且转化时间成本较高；第五，缺乏产学研合作平台，产学研联盟制度不健全，社会化服务中介组织对帮助中小企业发展的效果有待提升；第六，企业申报政府资助渠道较少，已申请的资金扶持到位较慢；第七，进口设备关税和增值税税率较高，增加了企业的经营成本；第八，科技成果转化平台不够成熟，企业对高质量科技成果较为期待，但引导和促进的机制与平台尚不够成熟；第九，科技成果评价机制不成熟，市场上的科技成果质量良莠不齐，企业对部分科技成果的科技含量把握不准；第十，目前研发成果的中试环节主要靠企业投入，政府在这个方面缺乏制度设计和政策扶持，企业承担的风险比较大。

三、北京城市学院开展产学研合作的主要做法

北京城市学院主校区坐落在顺义杨镇，校园总面积 1 000 余亩，现有在校学生 2 万余名，教职工 2 200 多人，设置理工、文法、财经、艺术、外语、管理、医药等学科，本科招生专业 54 个。作为教育部确定的应用型大学建设试点研究高校，学校坚持“都市性、应用型”的发展定位，坚持“学以致用、研为应用”，广泛开展校企合作，走政产学研用相结合的高水平应用型人才培养道路。

1. 做出产学研协同创新相关制度安排

在学校 30 多年的发展历程以及学校高水平应用型高校建设、“十三五”发展规划、各个学部办学实践和学校最新谋划的办学思路中，都把校企合作、协同育人、产学研合作、协同创新放在重要的位置上，贯穿于学校人才培养、科学研究、社会服务、文化传承与创新、国际交流合作的各项工作中。

2. 开展多个校企合作培养应用型人才的项目

学校采用全方位、立体式、多样化的校企合作形式，在多个专业开展“订单式”人才培养，如与国内顶尖设计公司洛可可设计集

团深度合作开设的“洛可可订单班”，与第一太平戴维斯合作开设工商管理订单班，与北京地铁集团供电分公司合作开设“供电方向订单班”，与同仁堂集团合作开展订单式中药人才培养，与联想集团、北京地铁一分公司联合成立面向企业需求的订单式人才培养，与慧科教育集团共同创立了阿里云合作班等。订单式人才培养规模突破万人，毕业生受到用人单位的广泛好评。

3. 探索政产学研用硕士专业学位人才培养联盟模式

学校与十余家高科技企业组建2025智能制造产学研联盟、与部分驻区航空公司组建航空文化产学联盟、临空经济人才培养联盟，在科技攻关、技术咨询、管理顾问、市场开拓等方面全方位合作。学校每个研究生培养项目都依托北京一个政府部门，联合其他高校及行业企业、事业单位，成立了政产学研用联盟，把产学融合做实，形成开放、高效的合作育人平台。截至2018年年底，已经培养了700多名硕士研究生。

4. 建立产学研合作人才培养基地

近年来，学校已建有国家级校外人才培养基地、北京市校外人才培养基地、北京市高校实验教学示范中心、北京市立项建设校内创新实践基地11个；获批教育部产学合作育人项目4项；学校建有稳定且有影响力的校外实习、实训基地448个；校内建成20个实践教学中心、171个实验室。

5. 建立产学研协同创新平台

学校建立了3D打印技术研究院、第三代半导体联合创新创业孵化中心、院士工作站、博士后科研工作站、众城智库等新型产学研协同创新平台载体。由北京市经济和信息化局、人力资源和社会保障局、教育委员会共同授牌，顺义区政府和北京城市学院共同建设的“北京智造技术技能人才（大国工匠）培养基地”已正式成立，致力于开展智能制造领域的产学研协同创新。

6. 获批新的产学研协同创新项目

2018 年 5 月，学校《创新人才培养模式，创建产业型大数据学院的研究与实践》获得教育部批准，成为首批“新工科”研究与实践项目。目前，学校正以阿里巴巴大数据学院为依托开展试点研究，力争在大数据学院中形成校企双元融合型的新型管理机制，并探索新经济、新技术领域下的“新工科”人才学科建设新范式。

7. 拓展产学研协同创新空间

学校注重加强与顺义区的深度融合，通过拓展产学研合作的形式和领域，全力助推顺义区区域经济社会新发展。学校与顺义区组建了以 2025 智能制造产学研联盟为代表的一批校地融合平台，在科技攻关、技术咨询、管理顾问、市场开拓等方面全方位合作。与北汽集团签署了校企战略合作协议，推动北汽新能源分时租赁业务；与英国华威大学在项目管理硕士等领域开展合作。2016 年，北京城市学院与中关村科技园区顺义园成立协同创新研发中心。

未来，北京城市学院将继续按照《关于深化产教融合的若干意见》和《国家产教融合建设试点实施方案》的要求，精准把握未来校企合作的发展方向和着力点，从服务企业、共建基地、项目协同、模式总结与交流对接五个方面扎实推动产学研协同创新迈上新的台阶。

四、促进顺义区产学研协同创新的思路与对策

1. 促进各类主体创新发展

(1) 突出企业创新主体作用

一是支持重点企业发展。实施高新技术企业倍增计划，重点培育支持“小巨人”“独角兽”“隐形冠军”等企业，精心孵化初创型、科技型小微精品企业，推动形成“大企业支撑、创新企业繁荣”的发展格局。支持鼓励重点行业企业创新发展，不断壮大高新

技术企业队伍。落实高新技术企业所得税优惠、研发费用加计扣除等普惠性政策，加大对科技型中小企业的支持力度。每年遴选一批创新能力强、社会信誉好、成长性强的高新技术企业进行重点关注、优先扶持、精准服务，推动其发展成为具有区域产业创新引领能力和国际竞争力的科技领军企业。

二是支持国有企业创新发展。推进国有科技型企业混合所有制改革，支持国有优势龙头企业吸纳民营资本，优化存量资源，建立创新联合体。继续推行以“后补助”方式引导企业积极投入，推动形成“企业决策、先行投入、协同攻关、市场验收、政府补助”的机制。通过提高科技研发投入的考核权重，调整国有企业年度考核唯利润导向等方式，着力增强国有企业创新研发投入的动力和积极性。

三是支持民营企业发展。以优化区域营商环境为契机，鼓励大力培育发展民营科技企业，鼓励支持民营科技企业承担政府科研项目和创新平台建设，降低民营企业在招投标、项目申报等方面的准入门槛，加大对民营科技企业开展技术创新、培养技术创新人才、发展新的产业形态等方面的支持力度。

四是以企业为主体推进协同创新和成果转化。支持企业、学校、科研院所等围绕产业关键技术、核心工艺和共性问题开展产学研合作协同创新，加快基础研究成果向产业技术转化、向商业化转化。继续加强企业技术中心和高校技术创新平台建设，鼓励企业和高校共建产业技术实验室、中试和工程化基地。充分利用产业投资基金等各类资金，支持高校创新成果和核心技术产业化。

（2）大力发展新型研发机构

结合顺义区实际，面向未来，布局推进新型研发机构建设，争取在关键核心技术上实现突破，解决科技经济“两张皮”的问题，解决“卡脖子”的问题，提升企业和产业的竞争力。支持政产学研协同创新，支持在人工智能、工业互联网、智能制造等领域新建一批产学研协同创新平台，推动形成各类研究机构优势互补、合作共赢的发展格局。

一是支持驻区重点企业、行业骨干企业联合高等学校、科研院所等共建工程技术研究中心、企业技术中心、企业重点实验室、新型研发机构等创新载体，推动产学研合作协同创新。

二是鼓励区域、行业骨干企业联合职业学校、高等学校、科研机构、中介机构等共同组建产教融合集团（联盟），带动中小企业参与，推进产教融合集团（联盟）实体化运作。

三是推进研发与转化功能型平台建设，以支撑产业链创新和重大产品研发为目标，按照政府引导与市场化运作相结合的原则，建立"开放竞争、动态调整"的管理机制，实施机构式资助与财政投入退坡机制，建设运行资金使用实行负面清单管理。选择若干应用技术研发类科研事业单位，通过引入社会资本、员工持股等方式，开展混合所有制改革试点。

四是鼓励社会力量兴办新型研发机构，支持此类机构开展运行模式和运行机制创新。对满足条件的新型研发机构，在项目申报、职称评审、人才培养等方面可给予享受科研事业单位同等待遇的政策，按照规定享受后补贴、税收激励等普惠性政策支持。对从事符合区域战略性新兴产业发展方向的战略性前沿技术、颠覆性技术、共性关键技术研发的新型研发机构，可按照一事一议、特事特办的原则，探索政府和社会资本有机融合，通过定向委托、择优委托等形式，予以财政支持。

五是鼓励探索实施研发代工。研发代工是指研发机构给企业"打工"做研发，针对企业的需求，组建专门的研发团队，开展"定制化"研发。支持企业把研发中心建在专业研究机构内，由专业人员负责研发中心的运行。企业负责提供稳定的研发经费支持，研发成果由双方共同拥有，并有限落地到代工企业，双方按照约定的比例分享成果转化带来的收益。

（3）促进各类主体协同创新

引导和支持各类创新主体加强协同创新，积极推进实验室开放、仪器设施共享、研究人员流动，在前沿科技、重大关键核心技术、产业共性技术等方面开展联合攻关，构建信用契约、责任担当、利益共赢等协同机制。充分发挥产业技术创新集团（联盟）在新兴产业和业态孵化、产业技术创新、技术标准制定、产业规划与技术路线图编制、专利共享、成果转化等方面的作用，培育区域产业集群竞争优势。发挥科技类社会组织在各类主体协同创新中的协调服务作用。吸引国内各类高水平研究机构和创新型企业在顺义设立总部、分支机构和研发中心。

2. 推动科技成果转移转化

（1）加强高校技术转移转化专业服务机构建设

积极对接“三城”，主动联系在京重点高校院所，共建北京市科技成果转化统筹协调与服务平台，打通技术创新成果在顺义“孕育、孵化、转化、产业化”的全链条，吸引重大科技成果转化落地。加强高校、科研院所技术转移体系建设，落实专门机构、专业队伍、工作经费。科技成果转移转化后，可在科技成果转化净收入中提取不低于10%的比例，主要用于机构能力建设和人员奖励。设立技术转移专业岗位，为技术转移人才提供职业晋升通道。科研人员在科技成果转化中的绩效评价结果，可作为其职称（职务）评聘、岗位聘用的重要依据。加强科技成果转化绩效的应用，将其作为高水平地方高校建设、应用类型科研项目验收评价和后续支持的重要依据。

（2）加强成果转移转化平台建设

一是打造成果承接平台。依托中关村科技园顺义园，打造北京市科技成果转化和产业化的主要承接地。二是建立合作对接平台。建立与“三城一区”的合作对接平台。立足顺义示范区产业基础与发展特色，强化与“三大科学城”的承接转移转化，形成创新成果的早期关注、信息汇交、匹配筛选、持续跟踪、管理促进。三是建立公共服务平台。通过政府引导、企业参与、产学研协同的模式，面向科技成果转移转化需求，建立研发设计、小试、中试、系统集成、测试验证等20个具有一定规模的公共服务平台，鼓励设计类、测试类第三方专业机构入区发展，支持区内企业建设中试基地、验证中心、场景体验中心，建设50个孵化基地和创新基地，提供实验研究—转移转化—小试中试—样品熟化—测试验证—应用体验的大规模产业化前端全过程平台服务支撑。

（3）完善科研成果转化推进机制

推动高等学校和科研院所建立完善鼓励科研成果转化为现实生产力的利益导向机制。在科研院所内部，加快下放科技成果使用、处置和收益权，完善有利于人才自主创新的引进、培养、使用、激励制度。鼓励下放科研成果处置权给单位、收益不再上缴国库、可主要用于奖励成果发明人和转化实施人，鼓励科研人员以智力和技术等多种要素形式参与创新收益分配，实行股权激励、专项奖励、分红、年薪制等办法，并实施配套征税制度。逐步增强对关键岗位、核心骨干等技术创新类人才的激励制度。优化各类人才奖励和配套资金使用办法，要逐步转向以创新成果和绩效为标准，持续激发创新创业人才的创新热情和活力。

（4）改革科技成果权益管理

允许单位和科研人员共有、共享成果所有权，鼓励单位授予科研人员可转让的成果独占许可权。科技成果通过协议定价、在技术交易市场挂牌交易、拍卖等市场化方式确定价格，逐步探索取消职务科技成果资产评估、备案管理程序，建立符合科技成果转化规律的国有技术类无形资产投资监管机制。深入落实科技成果转化税收支持政策，积极争取扩大股权激励递延纳税政策覆盖面，放宽股权奖励主体、流程的限制。具有独立法人资格的事业单位领导人员作为科技成果主要完成人，或对科技成果转化做出了重要贡献的，准予获得现金、股权或出资比例奖励。

3. 积极推进科技金融发展

（1）从源头推动产学研合作创新

结合顺义区战略性新兴产业发展方向，借鉴国内外先进经验，鼓励设立由企业、高等学校、金融机构等牵头组成的产学研合作协同创新风险基金，积极打通风险投资与创业孵化的链条，推动两者融合式一体发展。推动区域内原有孵化平台向“科技创新金融孵化联盟”转变，通过政府和社会资本的有机融合，将产业资本、风投资本、信贷资金、政策资金和创新创业孵化器、加速器等有机结合，通过为创业企业提供发展急需的一揽子服务，实现真正意义上的“投贷联动”。

（2）健全产学研合作创新金融服务体系

健全科技金融服务体系，引导金融机构参与产学研合作创新活动，推进科技研发、成果转化和科技企业发展。根据产学研合作协同创新在不同发展阶段的金融需求，构建以“股权＋债权”为核心的融资体系。在直接融资方面，着力构建覆盖种子期、创业期、成长期、成熟期的股权投资体系，鼓励创业投资、天使投资、风险投资、知识产权质押贷款等科技金融创新，鼓励风险资本投资产学研协同创新项目，为科技创新成果转化应用提供有力资金支持，引导和放大社会资本对科研成果转化的投入。在间接融资方面，以优化营商环境为契机，进一步丰富银行等金融机构科技金融产品。以政策性金融工作引导商业银行信贷，重点拓宽科技类初创型企业贷款渠道；创新知识产权质押和信用贷款方式，解决科研人员和科技企业首贷难问题；创新投资联动融资方式，破解科技企业融资需求错配问题。

（3）创新科技金融服务模式

一是搭建政府主导的金融信用信息共享平台。在平台上集成金融产品、融资需求、科技金融、信保基金等功能模块，推动民营企业和中小企业信用资本化，便于银行等金融机构快速了解企业的信用情况，从而解决金融机构和企业对接过程中信用信息不对称问题。二是鼓励区域内各类金融机构创新金融服务，发展不同形式的抵押质押类信贷业务。三是探索建立“科技成果价值评估＋市场＋投资基金＋政策性担保＋科技银行”的科技企业融资模式，打造“评、保、贷、投、易”五位一体的科技金融服务体系。四是进一步完善科技成果转化贷款风险补偿机制，鼓励银行创新金融产品，满足企业融资需求。五是探索组建科技保险机构。鼓励保险机构积极开发针对不同发展阶段科技型企业以及高等学校、科研机构技术研发、小试中试等环节的保险产品。六是鼓励建立科技型企业债券融资发行需求库。对入库企业实行“一对一”定点帮扶的主办银行制度，指导科技企业在银行间市场、交易所市场发行债务融资工具（短融、中票等）、企业债、公司债等债券品种，改善融资结构。七是打造以互联网交易平台为中心的新金融服务模式。继续推进以专业交易平台为载体，通过供应链金融、区块链金融、大数据征信等手段，为战略性新兴产业的产业链上下游企业提供多样化、安全高效的金融服务。

(4) 构建多层次科技金融支持平台

以中关村科技园顺义园为平台，争取共享中关村国家自主创新示范区科技金融改革政策，政府基金扶持、科技贷款、科技担保、股权投资、投贷联动、科技保险、科技租赁以及多层次资本市场等形式的科技金融服务。抓住北京市服务业扩大开放综合试点示范区建设机遇，打造金融业扩大开放试点示范区。发挥顺义国家产融合作试点和北京新兴金融聚集区功能政策优势，立足实体经济重点项目，吸引金融、投资、基金、保险、融资租赁等领域的金融机构入区发展。

4. 完善科技人才服务体系

(1) 加大人才引进力度

一是继续深入实施“梧桐工程”。瞄准“3＋4＋1”的高精尖主导产业，制定产业路线图和全球科技人才图谱，积极引进海内外科技人才。二是统筹利用引才平台。用好科技干部挂职锻炼、人才京郊行、专家工作站、院士工作站、博士后工作站等人才工作平台，扎实推动柔性引才。三是探索推进以才引才。发挥驻区科研院所、重点企业在人才引进方面的作用，充分发挥“千人计划”“海聚工程”“梧桐工程”入选者的作用，引进相关领域高层次人才。四是积极发挥人才中介作用。在主导产业急需紧缺人才引进上，引入市场化机制，发挥人力资源市场、猎头公司、人力资源服务机构等人才中介机构作用，引进高层次人才。

（2）完善人才培训体系

一是加强人才政策培训。面向全区，深入开展人才引进、人才落户、人才评价以及相关科技政策培训，充分用好网络平台、APP和微信端，提高人才政策的普及率。二是加强高层次人才培训。由区人才工作领导小组牵头，面向“千人计划”“海聚工程”“梧桐工程”和青年博士后等群体，开展人才、科技、产业等相关政策培训。三是加强创新创业人才培训。面向全区，以驻区企业、高新技术企业、中小微企业、初创型企业、创业者和高校毕业生等群体为主，开展创新创业辅导老师培训、中小企业领军人才、创新创业技能和创新创业项目政策培训。四是加强技术技能人才培训。由区人力资源和社会保障局、区教育委员会负责，推进职业教育校企合作、产学结合的办学制度，推进职业学校和企业联盟、与行业联合、同园区联结，联合相关单位，统筹区域职业技术技能培养培训资源，围绕新能源汽车、航空航天、第三代半导体材料、轨道交通，节能环保、生物、高端装备制造等战略性新兴产业领域，面向全市企业在职职工、产业工人和在校学生，联合技工院校，开展模块化、订单式、定制化、智能化技术技能人才培养和培训。五是加强在职职工学习培训。落实企业职工培训制度，足额提取教育培训经费，用好在职学习税收减免和相关补贴政策，发挥企业主体作用，积极开展职业素养、知识更新、心理健康等方面的培训。按照相关要求，推进完善职业院校和高等院校教师实践假期制度，支持在职教师定期到企业进行实践锻炼，鼓励教师到校办企业挂职锻炼。

（3）强化人才保障工作

一是优化人才评价制度。落实人才评价改革政策，统筹推进科技领域专业技术职务评审制度改革。以职业属性和岗位要求为基础，推行代表性成果评价制度，对主要从事基础研究、应用研究和技术开发、科技战略研究、哲学与社会科学研究、科技管理服务、技术转移服务、实验技术、临床医学研究的人才实行分类评价。二是督促人才政策落实。落实落户、住房、医疗、交通、子女教育、“一站式”专员服务、“梧桐卡”服务等8个方面服务保障制度，加强人才公租房、高端商业、教育医疗等产业园区配套建设，促进职住平衡、产城融合。经区属国有企业以及教育、卫生系统最终录用的应届毕业生，符合条件者均可申请人才公租房。教育、卫生系统招收的毕业生将全部解决户口，并可进入事业编制。三是完善人才激励政策。对引进的硕士、博士毕业生，顺义区委组织部将全程进行跟踪培养，择优列入顺义区重点跟踪培养干部库，享受区级与用人单位双重培训，将适时选派到一线、重点部门工作，并有机会进入党政机关工作，在同等条件下优先提拔使用。鼓励企事业单位完善科技奖励制度，改革利益分配机制，提高科技人才收入水平。

5. 优化社会组织服务机制

(1) 营造有利于科技中介机构发展的环境

借鉴国际惯例，形成法律定位明确、政策扶持到位、监督管理完善的发展环境。一是制定区域性法规，加强对辖区内产业联盟、技术协会、行业商会等科技中介服务行为的引导与监管，推动建立公平、公正、自主、自律的科技中介市场秩序。二是加强科技中介机构信用体系建设，加大对违约行为、违信行为、市场欺诈行为的打击力度，提高市场交易和管理的效率，更好地服务科技成果转化。三是发挥政府部门的协调作用，创造有利于科技中介发展的文化氛围。促进政府、企业、高校、研究机构等与科技中介之间加大沟通力度，充分利用传统媒体和新媒体等宣传工具，加大对各类中介机构作用的宣传力度，提升科技中介的服务形象和影响力，提高公众对科技中介的认识层次。

(2) 培育发展新型科技服务机构

一是加快推进科技中介机构与挂靠政府部门脱钩进程。加快确立经营性、服务性中介机构的市场地位，鼓励和支持一些独立的公益类科研院所转制为非营利的综合性或专业性科技中介机构，扩大科技中介机构的总体规模。二是培育一批新型服务机构，加快推动顺义区科技服务业发展。围绕“3+4+1”产业新格局补齐服务短板，统筹各级各类资源，布局一批产品技术开发中试基地和检测分析平台，满足区域企业成果转化、工程化和商业化的需求。三是打造市场化服务平台。聚焦顺义区战略性新兴产业领域和前沿技术方向，整合辖区内各类中介服务机构和平台公司，推动成立顺义区产学研协同创新联盟，鼓励通过共同出资、技术入股、创新平台共建以及人才联合培养等方式，形成合作关系和利益关系更加紧密的创新服务综合体。

（3）支持社会组织和科技中介健康发展

借鉴发达国家的技术经纪人执业体系，促进将科技中介人才纳入职业资格认定和职称评定序列，提高科技中介人才的职业认同感和价值感。在科研院所、高等院校和企业探索设立“科技成果转化岗位职称”，使成果转化专业人才能够凭借转化成绩实现职称晋升。强化面向技术成果转移转化经纪人的资质培训与继续教育、信用度评估认证等公共服务。推动行业组织制定技术转移服务标准和规范，建立技术转移服务评价与信用机制，强化行业自律管理。

6. 大力引入国际优质资源

（1）引入国际创新资源

一是支持鼓励跨国公司将其研发中心在顺义区落地，加速聚集知名国际研发中心和海外高端人才。二是积极引进国际文旅企业，打造知名文旅 IP 孵化基地。支持海外回流文物交易市场建设。三是探索发展离岸金融。依托天竺综合保税区和临空经济示范区，积极吸引外资金融机构，大力发展金融租赁，推进开展科技租赁业务，探索开展人民币跨境结算业务。

（2）引入国际创业赛事

根据《关于促进中关村顺义园第三代半导体等前沿半导体产业创新发展的若干措施》，办好中国创新创业大赛国际第三代半导体专业赛，发挥海高大厦平台作用，积极引进海外优质项目落地，支持世界级顶尖第三代半导体科技人才及创新人才团队入驻，开展基础研究、前沿技术研发及科技成果转化与产业化等。

(3) 引入其他国际资源

一是根据《关于促进中关村顺义园第三代半导体等前沿半导体产业创新发展的若干措施》，支持各类创新主体围绕第三代半导体等半导体前沿技术领域，在中关村顺义园举办具有全球影响力的产业高峰论坛、专业研讨会、学术交流活动等产业发展促进活动。二是落实《顺义区全面推进北京市服务业扩大开放综合试点示范区建设实施方案》要求，积极落实关于允许外商投资设立娱乐场所、演出场所经营单位以及演出经纪机构不设投资比例限制的政策，争取试点项目落户顺义。三是在办好中国国际服务贸易交易会顺义分会场、中国卫星导航年会、世界智能网联汽车大会等国际会议的基础上，争取更多的国际会议、会展落户顺义，提升国际影响力，打造世界级产业交流平台。

7. 统筹规划区域发展空间

(1) 优化空间布局支持协同创新

一是科学编制创新型产业集群和制造业高质量发展创新引领示范区，重点发展示范工厂、智能工厂、云工厂等模式，吸引“互联网+”、平台经济、数字经济、知识经济、绿色经济、共享经济等新经济新业态，建设产城融合、职住平衡、宜居宜业的新型产业园区。二是全力释放产业用地空间，加快闲置土地清理和土地遗留问题处理，盘活存量土地资源，为全区产业发展提供有力支撑。三是深入研究腾退空间产业利用，形成全区产业布局和土地资源“一张图”，不断扩大持有性楼宇物业与标准化厂房规模，为承接高精尖项目夯实空间基础。

(2) 积极承接中心城区科技创新资源

一是抓住全市深入实施“疏解整治促提升”的战略机遇，承接东城、西城、朝阳、海淀等区科技创新资源，帮助企业实现在北京当地的转型升级，助力首都科技创新发展。二是充分发挥顺义区协同创新发展中心作用，利用空间资源优势吸引研发型、创业型企业入驻，建立高精尖产业研发基地和孵化中心，实行“中关村孵化+顺义落地”新型模式。推动将孵化的3D打印、大数据、新型材料等一批高精尖产业及时引入，为顺义河东地区发展提供新引擎。三是全力抓好世界智能网联汽车大会、第十届中国卫星导航年会、工业互联网标识解析国家顶级节点等重大平台发展，吸引带动国内外科技创新资源入驻顺义。统筹各级各类资源，大力加强科技成果转化统筹协调与服务平台建设，有序与中国科学院等在京高校、科研院所等建立深层次对接机制，认真做好科技成果在京转化落地承接服务工作。

（3）深度融入京津冀协同发展

全力服务保障城市副中心建设发展，着力推动规划编制深入衔接，加快提升首都机场与城市副中心快速通行能力，优化提升周边环境水平，积极承接功能、产业、人才等溢出，形成通州带动顺义、顺义联动通州的生动发展格局。积极与大兴区共同服务首都国际交往和对外开放，坚持港城融合、港区一体发展，全力服务保障新机场建设发展，全面助力大兴临空经济区、综保区建设，共同打造首都对外开放新高地。积极与昌平区共同守护良好生态，扎实开展结对协作，在生态建设、产业发展、公共服务、低收入帮扶、干部人才等领域加强共建合作，实现协同共赢。完善市区对接机制，全力承接更多高端优质资源。

8. 大力优化创新创业环境

（1）增强国际服务供给

一是加快推进国际人才社区建设，加强基础设施建设，提升公共服务水平，促进多元文化交流融合，打造海外高层次人才创新创业平台。支持试点设立吸收外籍人士和本国居民子女的国际化特色学校。二是通过顺义区出入境服务大厅，为外籍高层次创新创业人才提供更加宽松便捷的出入境、停居留环境。三是鼓励外商捐资举办非营利性养老机构。

（2）扩大对外开放水平

一是强化国际枢纽航空口岸功能。探索公务机海关监管、税收新模式。充分利用京津冀144小时过境免签政策，促进入境旅游、购物、会展、商务服务业发展。二是强化商务会展功能。推动新国展二三期、临空国际免税城等重点项目规划建设，吸引国际优质商务会展资源集聚。发展会展旅游，通过旅游资源与会展联动的方式，吸引会展旅客，扩大消费影响力。依法允许展会展品提前备案，以担保方式放行展品，展品展后结转进入海关特殊监管区域予以核销。

（3）持续优化营商环境

一是优化招商环境。统筹考虑招商引资和产业聚集区发展，做好区域产业规划和招商引资规划的科学衔接，细化落实产业用地政策，创新产业用地利用方式，出台拓展产业用空间的办法加大产业功能区公共服务保障投入力度，在新规划的功能区注重实现职住平衡。二是打造“顺义效率”。强化“不进则退、慢进也是退”的意识，切实增强加快营商环境改革的紧迫感、使命感，把顺义打造成为首都一流的营商环境排头兵。三是打造“顺义模式”。坚持首善标准，树立“国门”意识，主动“对标一流”，持续推进营商环境“早餐会”制度，做好“店小二”，当好“服务生”，不断降低办事的经济成本、时间成本和制度性成本。

参 考 文 献

白庆华，赵豪迈，申剑，等，2007. 产学研合作法律与政策瓶颈问题分析［J］. 科学学研究（1）：62－68.

曾萍，李熙，2014. 产学研合作研究综述：理论视角、合作模式与合作机制［J］. 科技管理研究，34（22）：28－32.

陈劲，张学文，2008. 产业与学科协同发展构建开发的产学研合作新模式［J］. 中国高校科技与产业化（7）：35－36.

陈劲，杨晓惠，郑贤榕，等，2009. 知识集聚：科技服务业产学研战略联盟模式：基于网新集团的案例分析［J］. 高等工程教育研究（4）：31－36.

陈卫东，李晓晓，2016. 产学研协同创新互动模式分析［J］. 天津大学学报（社会科学版），18（1）：1－5.

费尔南德斯，2014. 产业集群一体化挑战研究［D］. 上海：上海大学.

冯翔慧，2018. 山东省四方技术开发有限公司：构筑产学研用产业链条 打造轧辊制造业“中国品牌”［J］. 中国科技产业（7）：64－67.

付丙海，谢富纪，2016. 基于情境性和过程性的产学研协同创新模式研究［J］. 科技进步与对策，33（2）：70－74.

傅双侨，2019. 开拓于智能网联新能源汽车科技创新和产业发展前沿：上海交通大学机械与动力工程学院教授、博士生导师张希［J］. 中国科技产业（5）：58－60.

高宏伟，2011. 产学研合作利益分配的博弈分析：基于创新过程的视角［J］. 技术经济与管理研究（3）：30－34.

高江宁，2011. 地方综合性大学校地企产学研合作的成功案例分析［J］. 科技成果纵横（5）：24－26.

高金生，2016. 当好改革开放“排头兵”走好科技创新“先手棋”：中国国际大学创新创业战略联盟孵化加速器建设案例［J］. 中国科技产业（2）：38－40.

韩羽，2016. 福州大学：创新产学研合作模式 促进区域经济跨越发展［J］.

中国科技产业（4）：78.

韩羽，2018. 西安工业大学：开辟产学研合作新途径 力促科研技术转化结硕果［J］. 中国科技产业（7）：68－71.

韩羽，2019. 陕西佰美基因股份有限公司：加强产学研协同创新 促进生物技术成果转化［J］. 中国科技产业（11）：21－22.

何郁冰，张迎春，2015. 网络类型与产学研协同创新模式的耦合研究［J］. 科学学与科学技术管理，36（2）：62－69.

胡慧玲，杜栋，2015. 产学研协同创新互动过程的博弈论分析［J］. 科技管理研究，35（3）：19－21.

姜李丹，何海燕，康小伟，2015. 创新学科性公司体制机制改革 助推高校产学研科技成果转化：北京理工大学雷科公司产学研用结合典型案例［J］. 中国科技产业（12）：25－29.

蒋华林，2011. 重庆高校推进产学研合作的案例分析［J］. 重庆科技学院学报（社会科学版）（3）：153－156.

蒋向利，2015. 南京大学：探索发挥研究型大学优势 在服务地方经济建设中实现跨越发展［J］. 中国科技产业（2）：60－61.

蒋向利，2017. 高新技术产业发展中的产学研协同创新：北京实创高科技发展有限责任公司产学研协同创新发展纪实［J］. 中国科技产业（2）：48－51.

雷寒，2008. “海扶”模式：高校产学研有效结合的生动范本：重庆医科大学改革开放 30 年科技工作典型案例回顾［J］. 中国高校科技与产业化（11）：14－17.

雷永，徐飞，2007. 产学研联盟研究综述［J］. 上海管理科学（5）：77－81.

李久平，2013. 产学研协同创新中的知识整合：一个理论框架［J］. 软科学，27（5）：136－139.

廖昕，2016. 创新大数据智慧城市建设 驱动中国县域经济发展［J］. 中国科技产业（3）：110－111.

刘辰，2017. 北京工业大学：营造平台集众智 协同创新结硕果［J］. 中国科技产业（6）：70－72.

刘和东，2016. 政产学研协同创新的演化博弈分析［J］. 科技管理研究，36（8）：8－13.

刘慧芬，史占中，2008. 我国发展太阳能产业政策刍议［J］. 科学技术与工程（22）：6062－6070.

刘洁予，2012. 企业与高校产学研合作共谋发展的实践探索：基于福田化学工业有限公司与中山大学化学与化学工程学院产学研合作案例分析 [J]. 科教导刊（中旬刊）(7)：3-4.
吕海萍，龚建立，王飞绒，等，2004. 产学研相结合的动力：障碍机制实证分析 [J]. 研究与发展管理 (2)：68-72.
迈克尔·波特，2003. 竞争优势 [M]. 北京：华夏出版社.
纳尔逊 温特，1997. 经济变迁的演化理论 [M]. 北京：商务印书馆.
宁正福，杨久香，冯晓丽，等，2011. 石油高校产学研合作模式典型案例研究：以中国石油大学（北京）为例 [J]. 科技管理研究，31 (1)：96-99.
潘郁，陆书星，潘芳，2014. 大数据环境下产学研协同创新网络生态系统架构 [J]. 科技进步与对策，31 (8)：1-4.
戚湧，王静，2015. 基于社会网络分析的产学研协同创新网络研究 [J]. 中国科技论坛 (11)：11-17.
任初明，2008. 资源依赖：产学研结合的动力：华中数控产学研结合案例研究 [J]. 高等工程教育研究 (6)：28-31.
上海电气风电设备有限公司，2011. 依托创新联盟 突破产业瓶颈：上海市风电高新技术产业化产学研合作案例 [J]. 中国科技产业 (12)：46-50.
泰兴市农产品加工园区管委会，2019 泰兴市农产品加工园区：一二三产业深度融合 高质量发展不断突破 [J]. 中国科技产业 (4)：39.
谈毅，2014. 风险与收益相匹配：产学研协同创新的必由之路：以宝钢集团为案例 [J]. 中国高校科技 (12)：42-45.
唐浩增，王涛，2016. 势之所趋 国之所需：建立中国大数据金融产业创新战略联盟的必要性 [J]. 中国科技产业，2016 (2)：72-74.
万晶晶，2014. 基于知识图谱的我国产学研合作研究现状分析 [J]. 情报探索 (7)：55-60.
王帮俊，杨东涛，2015. 产学研协同创新的界面管理研究 [J]. 中国科技论坛 (10)：22-27.
王海龙，张悦，丁堃，等，2016. 产学研协同创新的利益协同机制：基于辽宁新型产业技术研究院的多案例研究 [J]. 科学管理研究，2016，34 (5)：65-68.
王进富，薛琳，等，2016. 产学研协同创新组织稳定性影响因素实证研究 [J]. 科技管理研究，36 (15)：159-165.
王娟茹，2005. 高校产学研合作教育及其运行机制研究 [J]. 科技与管理，7

(4)：148－150.
王章豹，韩依洲，洪天求，2015. 产学研协同创新组织模式及其优劣势分析 [J]. 科技进步与对策，32 (2)：24－29.
王子龙，2013. 政产学研协同创新的演化博弈分析 [J]. 科技与经济，26 (4)：16－20.
吴伟，翁默斯，王雪洁，2015. 国际化带动产学研合作的创业型大学案例分析 [J]. 高校教育管理，9 (4)：18－23.
习近平，2017. 习近平谈治国理政（第二卷）[M]. 北京：外文出版社.
项杨雪，梅亮，陈劲，2014. 基于高校知识三角的产学研协同创新实证研究：自组织视角 [J]. 管理工程学报，28 (3)：100－109.
肖桂华，2019. 搭建产学研用协同合作服务平台 促进中国地热与温泉产业创新发展：中国地热与温泉产业技术创新战略联盟在西安成立 [J]. 中国科技产业 (2)：16－18.
谢科范，2008. 我国产学研结合传统模式与现代模式分析 [J]. 科学管理研究，26 (1)：38－41.
许恬，2018. 华南理工大学：创新产学研合作模式 加速科技成果转化 [J]. 中国科技产业 (5)：71－75.
闫杰，缪小明，张丰，等，2012. 我国产学研合作创新研究前沿演进趋势知识图谱 [J]. 科技进步与对策，29 (22)：151－156.
姚潇颖，2017. 产学研合作模式及其影响因素的异质性研究：基于中国战略新兴产业的微观调查数据 [J]. 科研管理，38 (8)：1－10.
佚名，2015. 我国技术转移示范机构的先行者与领跑者：中国科学院北京国家技术转移中心 [J]. 中国科技产业 (12)：36－39.
佚名，2015 加强产学研与用的融合 推进虫草素技术创新与产业化：上海国宝企业发展中心 [J]. 中国科技产业 (12)：53－55.
佚名，2017. 中国标准化研究院 创新完善标准 引领产业发展 [J]. 中国科技产业 (1)：100－102.
佚名，2017. 中山大学惠州研究院 校地共建新型研发机构 实践创新发展之路 [J]. 中国科技产业 (1)：103－105.
郁秋亚，2015. 国内高校协同创新研究的热点分析：知识图谱的新视角 [J]. 江苏高教 (4)：50－52.
原长弘，2005. 国内产学研合作学术研究的主要脉络：一个文献述评 [J]. 研究与发展管理，17 (4)：98－102.

约瑟夫·熊彼特，1990. 经济发展理论［M］. 何畏，等，译. 北京：商务印书馆.

张炯，余祖伟，2011. 产学研合作创新模式的案例探讨：基于韵升集团创新模式的分析［J］. 重庆行政（公共论坛），13（2）：106－107.

张米尔，武春友，2001. 产学研合作创新的交易费用［J］. 科学学研究，19（1）：88－89.

赵永平，徐盈之，2013. 基于核心-外围超网络模型的产学研协同创新研究［J］. 大连理工大学学报（社会科学版），34（4）：7－12.

中国产学研合作促进会好案例调研组，2018. 中国农业大学：强化校地校企深度融合 打造农业科技创新高地［J］. 中国科技产业（5）：66－69.

中国产学研合作好案例编写组，2019“创新＋创业＋产业”机器人行业联动发展：哈工大机器人集团股份有限公司［J］. 中国科技产业（1）：94－97.

中国产学研合作好案例编写组，2019. 整合硼产业创新资源 探索民企军民融合之路：大连金玛硼业科技集团股份有限公司［J］. 中国科技产业（1）：104－106.

中国产学研合作好案例编写组，2019 实施海洋强国战略 科创引领产业新发展：沪东中华造船（集团）有限公司［J］. 中国科技产业（1）：90－93.

中国产学研合作好案例编写组，2019. 位居中国地理信息百强企业榜首 做中国测绘地理信息行业领航者：广州南方测绘科技股份有限公司［J］. 中国科技产业（1）：98－100.

中国产学研合作好案例编写组，2019 产学研金协同创新 培养金融跨界人才：上海立信会计金融学院［J］. 中国科技产业（1）：101－103.

中国教育信息化产业技术创新战略联盟，2017 深化标准服务 双创落地扎根：中国教育信息化产业联盟创新实践探索［J］. 中国科技产业（3）：74－75.

ANSOFF H I，1965. Corporate strategy：an analytic approach to business policy for growth and expansion［M］. New York：Mc Graw Hill.

BOLTON R，1995. A broader view of university－industry relationships［J］. SRA Journal（26）：45－48.

BSTIELER Ludwig，2005. The moderating effect of environmental uncertainty on new product development and time efficiency［J］. Journal of Product Innovation Management，22（3）：267－284.

CHESBROUGH，2003. Open innovation：the new imperative for creating and profiting from technology［M］. Boston：Harvard Business School Press.

参 考 文 献

CLAUSS T，2017. How businesses should govern knowledge intensive collaborations with universities：an empirical investigation of university professors [J]. Industrial Marketing Management (62)：185 - 198.

COASE R H，1937. The nature of the firm [M] // Williamson O，Winter S. The nature of the firm：origins，evolution and development. New York：Oxford University Press，18 - 33.

ETZKOWITZ H，LEYDESDORFF L，1995. The triple helix university industry government relations：a laboratory for knowledge based economic development [J]. East Review，(14)：14 - 19.

GLOOR，2006. Swarm creativity：competitive advantage through collaborative innovation networks [M]. New York：Oxford University Press.

HAKEN H，1978. Synergistic [M]. [S. l.]：Springer.

JAFF A B，1989. Real effects of academic research [J]. Ameri can Economic Review (79)：957 - 970.

ROGERS，1983. Diffusion of Innovations [M]. New York：The Free Press.

图书在版编目（CIP）数据

产学研协同创新研究 / 蔡派编著. —北京：中国农业出版社，2021.1

ISBN 978-7-109-27755-7

Ⅰ.①产… Ⅱ.①蔡… Ⅲ.①产学研一体化—研究—中国 Ⅳ.①G640

中国版本图书馆 CIP 数据核字（2021）第 015542 号

中国农业出版社出版

地址：北京市朝阳区麦子店街 18 号楼

邮编：100125

责任编辑：贾 彬　　文字编辑：卫晋津

版式设计：杜 然　　责任校对：赵 硕

印刷：中农印务有限公司

版次：2021 年 1 月第 1 版

印次：2021 年 1 月北京第 1 次印刷

发行：新华书店北京发行所

开本：880mm×1230mm 1/32

印张：4.25

字数：150 千字

定价：35.00 元
